ANDRO

Die fünf Tantrika

DAS GEHEIMNIS DER EWIGEN JUGEND

HANS-NIETSCH-VERLAG

Gewidmet S. H. dem 17. Karmapa
Urgyen Thinley Dorje
Kloster Tsurphu, Tibet

GESTALTUNG UND SATZ: Trisign Kommunikation, Neu-Anspach
UMSCHLAGGESTALTUNG: Trisign Kommunikation, Neu-Anspach
TITELBILD: Bildagentur Mauritius
ILLUSTRATIONEN: Tjeerd J. Ytsma
DRUCK: Paderborner Druck Centrum
© Hans-Nietsch-Verlag, 1996
Alle Rechte vorbehalten.
Nachdruck, auch auszugsweise, nur mit ausdrücklicher Genehmigung
des Verlages gestattet.
ISBN: 3-929475-16-2
Hans-Nietsch-Verlag, Brabanter Str. 112, 52525 Waldfeucht

Inhaltsverzeichnis

I

Ich sitze im Pagodenhof des Hotels Dwarika in Katmandu und studiere eine Bleistiftskizze meines Großvaters Wilhelm Silbereisen, die er im Jahre 1912 mit dünnen Strichen auf die Rückseite einer postkartengroßen Fotografie gezeichnet hat. Ich kenne diese bräunliche und inzwischen verblichene Fotografie schon sehr lange. Sie begleitet und fasziniert mich seit meiner Kindheit, vor allem wegen ihrer geheimnisvollen Bedeutung, die ich jetzt, viele Jahre später, endlich zu entschlüsseln angetreten bin.

Die Fotografie zeigt die Fassade eines Tempels. Diese ist mit mehreren Frauen- und Männerskulpturen geschmückt, die sich lustvoll vereinigen. Unter dem Bild steht in kaum leserlicher Schrift: Gewidmet meiner lieben Lotte, W.S. 1912.

Mein Großvater erhielt die Fotografie von einem englischen Indienliebhaber, den er mit der Frage angeschrieben hatte, was an den Geschichten über das ewige Leben der Tibeter dran sei. Er hatte davon aus Büchern des ihm persönlich bekannten Tibetforschers Sven Hedin erfahren. Die Lotte, der die Widmung galt, war nun nicht etwa die Ehefrau meines Großvaters, sondern, wie meine Großmutter zu sagen pflegte, «das verfluchte Weibsbild», das im Leben meines reiselustigen Großvaters eine wichtige Rolle spielte. Lotte war rundlich, lebenslustig und vor allem zu all dem bereit, wozu meiner Großmutter der Mut fehlte. Sie trug mit Vorliebe einen weinroten Filzhut mit riesiger Krempe, den sie in die Stirn drückte. Damit ahmte sie den von ihr verehrten Goethe nach, wie er auf dem Gemälde von Tischbein abgebildet ist. Sie assistierte meinem Großvater in der Arztpraxis und begleitete ihn, mit Pistolen bewaffnet und per Fahrrad, in den wilden Balkan.

Ich untersuche die Skizze auf der Rückseite der Fotografie mit einer Lupe. Sie ist mit «Durbarsquare» betitelt und zeigt den Ausschnitt eines Stadtplans, in dessen Mitte sich ein Platz befindet, auf den mehrere mit Tempelanlagen gesäumte Straßen führen. Wie auf einer Schatzkarte markiert ein Kreuz eine Stelle, die etwas abseits an einem Wasserlauf liegt und die Namen «Altweibermühle» und «Shivas Bad» trägt. Der Plan paßt genau zu dem Durbarsquare in Patan, dem Stadtteil Katmandus, in dem ich mich gerade aufhalte.

Den Begriff Altweibermühle kenne ich aus meiner Kindheit. Er bezeichnet einen sagenumwobenen Jungbrunnen, der Frauen ewige Jugend schenken soll. Engelsbrand, ein in der Nähe meiner Heimatstadt gelegener kleiner Ort, stand im Ruf, so eine Altweibermühle besessen zu haben. Mein Großvater erzählte davon, wann immer wir auf dem Weg in den Skiurlaub durch den Bahnhof von Engelsbrand dampften, der damals, kurz nach dem Zweiten Weltkrieg, nur aus einem kleinen Regendach, einer Eisenbank und einem Schalterhäuschen mit dem Ortsschild in Sütterlinschrift bestand.

Gewidmet meinen lieben Eltern M.&M.

«Da werden die alten Weiber wieder jung», lachte er und ergänzte: «Dabei müßten sie bloß jeden Tag in Shivas Bad gehen und im Morgentau ihre Übungen machen, das ist das ganze Geheimnis.»

Auch im Naturheilsanatorium meines Großvaters weilten stets ältere Damen, die mit Fastenkuren und Pflanzenbehandlungen ihre jugendliche Schönheit zurückgewinnen wollten. «Wie sie aber wieder lustig werden, das wissen bloß die Tibeter», pflegte mein Großvater zu sagen. Und damit schien mir einleuchtend erklärt, weshalb die aufgeschwemmte Musiklehrerin aus Karlsruhe trotz heftigen Fastens so alt und schwermütig blieb, wie sie war.

Noch heute sind Frauen auf der Suche nach der ewigen Jugend. Der Grund dafür ist nach wie vor, den Männern damit zu gefallen, doch in den letzten Jahrzehnten geht es ihnen auch um mehr Gesundheit und Lebensfreude. Dieser Wunsch entspricht dem Bestreben der Männer, ihre Potenz als Beweis für Lebenskraft und Lebensfreude bis ins hohe Alter zu erhalten. So war es wohl kein Zufall, daß mich ein Gynäkologe und Frauenarzt, der nebenher Schönheitschirurgie betrieb, durch gezielte Fragen zu den Tibetern an die vergessene Sache meines Großvaters erinnerte. Während eines Aufenthalts in Nepal, unweit der tibetischen Grenze, begann ich die dort lebenden Exiltibeter zu befragen, doch sie wußten nichts von einem Bad Shivas. Auch Erkundigungen bei Ole Nydahl, mit dem ich Indien bereist hatte, bevor er «Tibeter» wurde, brachten keine neuen Aufschlüsse.

Jetzt, vier Jahre nach meinem letzten Besuch, bin ich wieder in Katmandu, denn ich werde das Gefühl nicht los, daß der Durbarsquare in Patan etwas mit meiner Sache zu tun hat. Doch immer noch fehlt mir jede Spur von einem Bad Shivas. Aber es gibt badende Vishnus. Den berühmtesten davon habe ich schon mehrfach besichtigt. Etwas außerhalb, auf einer kleinen Anhöhe mit Blick auf die Stadt, befindet sich ein Wasserbecken in der Größe eines Kleinstadtschwimmbades. Darin liegt eine große Vishnuskulptur, die halb mit Wasser bedeckt ist. Gläubige schmücken sie mit Blumen und bringen dem Herrn des Wassers und der Schöpfung des Leibes Weihrauchgaben und Gesänge dar.

Im Palast des Königs von Nepal gibt es eine kleinere, aber künstlerisch schönere Skulptur. Diesen Vishnu darf der König bei seinem Leben nicht ansehen, da er als sein Urahn ihm seine eigene Schönheit widerspiegeln würde. Diese Skulptur badet in Wasser aus dem gleichen Bergbach, der das Becken des großen Vishnus speist. Um das zu ermöglichen, wird das Wasser in einer langen Kanalkette zum Palast geleitet.

Zu beiden Vishnugestalten paßt der Plan mit dem Durbarsquare nicht. Von weiteren Bädern will aber niemand etwas wissen. «Nun», antwortet ein gelber buddhistischer Mönch auf meine Frage, «Shiva badet doch jeden Morgen im Bagmati.» Der Mönch dreht seine große Samenkapselkette, winkt mit seinem Dreizack und lacht aus vollem Halse, wie jemand nur nach dem Genuß einer Tonpfeife voll indischem Hanf lacht.

Ich will die Sache schon aufgeben, da ich keine brauchbaren Hinweise bekomme. Das einzige, was mich noch in Katmandu hält, ist ein Ticket für einen Himalayarundflug, das ich bereits vor Tagen erstanden habe. Den Morgen des Flugtages nutze ich für einen Spaziergang, der mich zum Fluß Shivamati unweit meines Hotels führt. Ich überquere ihn auf einer Holzbrücke und folge dem Weg aus roten, zerborstenen Ziegelsteinen zu dem Durbarsquare. Neben einigen Shivatempeln begegnet mir auch eine liegende Vishnuskulptur in einem kleinen rechteckigen Steinbecken. Als ich schließlich in dem dichten Menschengedränge auf dem Durbarsquare ankomme, wende ich mich eilends um und gehe zurück, an den alten Palästen und einer Müllhalde vorbei, bis ich wieder auf den schmalen Ziegelweg und die badende Steinfigur treffe, dessen Wasser gerade ein Hund mit seiner Zunge aufleckt.

Das ist doch genau der gesuchte Weg, denke ich und schaue nochmals zwischen den roten Mauern und zipfeligen Tempeldächern hindurch in Richtung Durbarsquare. Die Tempel und Uferanlagen haben offensichtlich bisher keine Gelder von der UNESCO oder Bundesregierung erhalten, deshalb liegt hier alles noch unter einer Schicht von Unkräutern und Schutt vergraben. Nur hier und dort ragt ein behauener Stein, eine Säule oder eine geschnitzte Fenstereinfassung hervor.

Mein Flug wartet, deshalb eile ich zum Flugplatz. Der Hochgebirgsflug ist mir zwar jetzt nicht mehr so wichtig,

doch ich kann ihn ohne Geldverlust nicht absagen. So fiebere ich der Rückkehr entgegen, während die grandiose Himalayakette an meinen Augen vorbeizieht. Ich bin ganz sicher, die richtige Fährte gefunden zu haben.

Hier oben ist alles ewig: ewiges Eis, ewige Höhen, ewige Jugend. Es heißt, daß die Tibeter in den fernen Klöstern dieser Berge eine alles beherrschende, alles zusammenhaltende Zahl oder Formel gefunden hätten. Weshalb sollten sie nicht dem Geheimnis ewiger Jugend auf den Grund gekommen sein?

Nach der Landung gehe ich sofort ins Hotel und von dort auf den Durbarsquare. Diesmal bin ich mit der Zeichnung bewaffnet und vergleiche den Weg mit dem Plan. Es paßt tatsächlich alles aufs Genaueste. Ich komme wieder zu der kleinen Vishnugestalt, die in ihrem Becken nahe dem Ufer des Bagmati liegt. Jetzt sehe ich mir die verfallenen Ruinen und Tempelanlagen genauer an, die mittlerweile als Müllsammelstellen genutzt werden. Mir scheint, daß die badende Figur zu einem dreistöckigen Tempel gehört haben mag, dem ich jetzt meine Aufmerksamkeit schenke.

Der Tempel ist nicht groß, seine Grundfläche beträgt vielleicht 9 x 9 Meter. Auf den Grundmauern erhebt sich ein Dach mit chinesisch anmutenden Ecken und Spitzen, auf das noch zwei jeweils kleinere Dächer folgen. Das Dachgebälk und die schrägen Stützbalken sind reichlich mit geschnitzten Frauengestalten und Fruchtbarkeitssymbolen verziert. In eine der Außenmauern ist eine Schiefertafel eingelassen. Um das Gebäude herum befinden sich Treppen, die den Eindruck eines griechischen Amphitheaters vermitteln und die vielleicht als Sitzgelegenheiten gedient haben mögen.

Auf den Darstellungen des Tempels sehe ich fast nur Frauen - Frauen bei der Lust, Frauen in schwangerem Zustand, bei der Geburt und im Tod. Die ganze Anlage wirkt wie eine Schule, nicht zuletzt wegen der Schiefertafel und der Anordnung der Sitze. Nur, was wurde hier gelehrt? Und wem?

«Suchen Sie etwas Bestimmtes?» werde ich unvermittelt von einer jungen Frau gefragt, die sich schon seit geraumer Zeit in der alten Tempelanlage aufhält.

Ich bin nicht zum Gespräch mit jungen Leuten aufgelegt, die eher zum Kiffen als wegen der Altertümer nach Katmandu kommen. Jedenfalls macht mir die Frau diesen Eindruck, und ich versuche, sie zu ignorieren.

«Die Schnitzereien an der Westseite sind Geburtshilfestellungen», sagt sie, als müsse sie meinem Verständnis nachhelfen.

Ich habe tatsächlich nicht alle Darstellungen als Geburtsvorgänge erkannt. So schweige ich anerkennend und setze mich auf die Stufen, um das gesamte Ambiente auf mich wirken zu lassen. Diesmal habe ich eine der höchsten Sitzreihen auf der Treppe gewählt, um der jungen Frau im Rücken zu sein, und von hier oben erkenne ich, daß ein Weg, der vielleicht ehemals überdacht war, direkt zu dem Vishnu am Flußufer geführt haben muß. Und ich sehe in der

Ferne deutlich die Reste großzügiger Tempelanlagen, die sich am Flußufer entlangziehen und jetzt zum Teil von Blech- und Bretterbehausungen der Armen bedeckt sind. Es führen Stufen zum Wasser und ich denke, daß sie heute wohl niemand mehr zum Baden benutzt.

«Wenn Sie Shivas Bad suchen, dann müssen Sie zu Gökermas Lumpensammlung gehen. Das ist die bretterumzäunte Ecke dort unten am Fluß. Herr Gökerma läßt Sie gerne für ein paar Rupien oder ein kleines Geschenk ein.»

Ich bin wie vom Donner gerührt. Woher weiß diese Hippietante von Shivas Bad, dessen Existenz nur durch die Skizze meines Großvaters belegt ist? Und woher kennt sie seine Lage, die nicht einmal mir bekannt ist, obwohl ich intensiv danach geforscht habe?

«Entschuldigen Sie», beginne ich, während ich mich neben die blonde Frau setze, deren offene Haare im Wind wehen, «entschuldigen Sie, daß ich vorhin so einsilbig war, als Sie mich ansprachen. Ich werde oft im Ausland von Landsleuten angesprochen, aber sie haben meist ganz andere Interessen als ich. Sie jedoch scheinen tatsächlich mehr über mein Anliegen zu wissen als ich selbst.»

Die Frau sieht mich selbstbewußt an und sagt: «Susen.» Mit einer Kopfbewegung deutet sie auf ihre Hand, die sie mir entgegengestreckt hält.

Ich merke, daß ich vergessen habe, mich vorzustellen, und hole es verwirrt nach: «Ich heiße Andro und bin aus Pforzheim.»

Ich kann ihr Alter nicht einschätzen. Ich bin plötzlich unsicher, ob es überhaupt eine junge Frau ist. Wie kann ich mich nur so irren? Ich erkläre mir das durch meine anfängliche Unaufmerksamkeit. Doch selbst jetzt bleibt ihr Alter weiterhin ein Rätsel. Noch in Gedanken verstrickt, stammle ich etwas von meinem Unterfangen, einen Tempel oder Ort zu finden, der Shivas Bad heißt und speziell für Frauen ungeahnte Geheimnisse bergen mag.

Susen schaut mir derweil mit großen braunen Augen aufmerksam ins Gesicht. Sie scheint mich nicht für einen Spinner zu halten und lacht mich nicht aus, sondern sagt: «Dieser kleine Tempel hier birgt mehr Geheimnisse als der große Königspalast oder das restaurierte Königsbad.»

«Aha», mache ich, und sie fährt fort: «Das beginnt schon mit diesem großen Shivalingam am Eingang. Form und Widmung passen weder in die nepalesische noch in die tibetische Kultur, und er ist älter als der Hinduismus in Nepal.» «Studieren Sie Kunstgeschichte?» frage ich verblüfft, aber sie verneint mit einem amüsierten Kopfschütteln. Ich betrachte ihr Kleid, das aus vielen schmalen Streifen in den italienischen Nationalfarben zusammengesetzt ist. Es erinnert mich an Cicciolina, die italienische Frauenaktivistin, die ein ähnliches Kleid trug, als sie Andreottis Verbot, nackt im Parlament in Rom zu erscheinen, dadurch beantwortete, daß sie sich von zwei nackten Sekretärinnen begleiten ließ.

Susen besitzt jene Art Charme, der das Wissen einer im Leben gereiften Frau widerspiegelt, doch ihr Äußeres deutet auf kein höheres Alter als vielleicht dreißig Jahre hin. Gewiß hat ihre Gesichtshaut Fältchen, doch sie ist auch gänzlich ungeschminkt. Sie benutzt nicht einmal Nagellack oder Haarfestiger. Ihr Fleisch an den Achselhöhlen ist fest, ihre Figur ist jugendlich, und die Fingernägel und Knöchel, die oft zuerst Spuren des anschleichenden Alters zeigen, verraten nichts.

Ich muß sie wohl etwas zu eindringlich gemustert haben, denn sie sieht an sich herunter und meint im Aufstehen, wobei sie sich reckt und ihre Gestalt hin und her dreht: «Nicht wahr, Sie können mein Alter nicht schätzen? Ich weiß nicht, was Männern am Alter der Frauen so wichtig ist. Frauen messen dem Alter der Männer doch auch nicht soviel Bedeutung zu.»

Ich muß ihr kleinlaut recht geben und versuche als Erklärung anzubringen: «Es hängt wohl mit der Erfahrung zusammen, daß Frauen mit zunehmendem Alter an der Lust weniger Interesse zeigen.»

«Die meisten Frauen», entgegnet sie, «haben überhaupt noch nie richtige Lust verspürt, jedenfalls keine für sich selbst.» Sie betrachtet mich mit einem halb wissenden und halb lockenden Lächeln. Ihr Blick gleitet an meinem Körper herab und verweilt am Schritt meiner Hose, daß es mir ganz mulmig in der Magengegend wird. Dann fährt sie fort: «Und eben das macht sie alt und damit frei von der Lusterfüllung für andere, die ihnen immer nur eine lästige Pflicht war.»

«Sehen Sie, Susen, da treffen sich unsere Ansichten genau. Ich bin auf der Suche nach der geheimen tantrischen Technik der Tibeter, die Frauen jung hält.»

«Wozu suchen Sie diese? Sie sind doch ein Mann.»

«Richtig», sage ich, «für mich selbst kenne ich die Geheimnisse des jung erhaltenden Tantra-Yoga längst. Sehen Sie mich an, oder sind Sie sich schon über mein Alter im klaren?»

Susen schüttelt den Kopf.

«Nein», antwortet sie, «Ihr Alter läßt sich ebensowenig schätzen wie das meiner Mutter.»

«Ach, Ihre Mutter lebt noch», sage ich und erwarte jetzt endlich einen Hinweis auf das Alter meines Gegenübers. Jedenfalls, so denke ich, wird Susen wohl kaum älter als vierzig sein, was bei ihrem Aussehen schon sehr hoch gegriffen scheint.

«Wissen Sie», schlägt Susen vor, «lernen Sie doch am besten meine Mutter selber kennen. Sie hat sowieso alles, was man über diesen kleinen Frauentempel herausbringen kann, schon vor vierzig Jahren erforscht.»

«Sie meinen, Ihre Frau Mutter war vor vierzig Jahren schon hier?» frage ich. «Ja», erwidert sie nur.

«Und Sie», frage ich, «waren Sie da etwa schon dabei?»

«Natürlich», lacht sie. Es gefällt ihr offensichtlich, mich zu verwirren. «Ohne meine Englischkenntnisse wäre die arme Lotte hier aufgeschmissen gewesen!»

Es entsteht ein langes Schweigen. Ich fühle mich wie ein dummer Junge und gefalle mir gar nicht in dieser Rolle.

Woher sollte diese Susen etwas von Lotte, der Lotte meines Großvaters, wissen? Das ist unmöglich, entscheide ich und grinse Susen beherzt ins Gesicht.

«Nun gut, dann befragen wir doch Ihre Mutter», sage ich und bin mir sicher, daß die Lotte, die ich in meiner Kindheit kannte, mit dünnem Frauenbart auf der Oberlippe, festen, schwarzbehaarten Beinen und dem weinroten Filzhut auf dem Kopf, heute wohl kaum noch lebt. Das ganze kommt mir überhaupt nur wie eine Verkettung seltsamer Zufälle vor, die darin gipfeln, daß Susens Mutter Lotte heißt.

«Abgemacht», sagt Susen und reicht mir zum Abschied entschieden die Hand. «Kommen Sie heute abend ins Hotel Yak zum Essen. Meine Mutter wird erfreut sein, jemanden zu treffen, der an ihrer lebenslangen Forschungsarbeit interessiert ist. Ist Ihnen zwanzig Uhr recht?»

«Natürlich», stammle ich. Das Hotel ist das teuerste am Platz.

II

Das Hotel Yak liegt neben dem Königspalast. Das Rasseln der Metallplättchen an den Dachzinnen erinnert mich an China, als ich pünktlich um zwanzig Uhr das Gebäude betrete. Ich bin aufgeregt wie ein Verliebter beim ersten Rendezvous.

Der Empfangschef in seiner mit Kokarden und blinkenden Knöpfen verzierten Phantasieuniform ist offenbar schon informiert. Er verneigt sich und murmelt: «Mr. Andro, please you'll follow me.» Er führt mich durch die getäfelte und mit Stuck verzierte Halle zu einem dezenten Speisezimmer mit Schleiflackmöbeln und weißen Tischdecken, auf denen rosarote Rosensträuße mit grünem Bambus und Jasminblüten stehen.

Von einem der hinteren Tische kommt uns Susen entgegen. Sie geleitet uns zu ihrem Platz, an dem eine alte Dame wartet, stehend, mit einer Hand auf der Stuhllehne und einem violetten Filzhut auf dem Kopf.

Mir werden die Knie weich. Wie aus einem Nebel höre ich, daß man mich als Herrn Andro vorstellt. Der Livrierte entfernt sich geräuschvoll mit Ergebenheitsadressen, während ich in die blitzenden braunen Augen der alten Dame schaue. Sie hat immer noch einen leichten Damenbart auf der Oberlippe, denke ich. Ihr Händedruck ist kräftig.

Ich murmle tonlos «Lotte», sie sagt mit krächzender Alt-frauenstimme: «Du bist also der Tantraforscher aus Pforz-heim, wie mir Susen erzählt hat. Dort habe ich selber gelebt und gearbeitet, im Sanatorium des Wilhelm Silbereisen.»

Für einen Augenblick muß ich, wie durch einen Schock, die Besinnung verloren haben, denn ich finde mich auf einem Stuhl sitzend wieder, den mir wohl Susen geistes-gegenwärtig untergeschoben hat.

«Meine Güte, Lotte, ich bin sein Enkel.» Sie schaut mich tiefsinnig an und greift mir plötzlich in die Haare. «Der Androtschei, der Enkel vom Wilhelm. Wo sind denn die semmelblonden Haare hin?» Ich greife nach ihrer Hand und murmle: «Ich war damals neun oder zehn Jahre alt, als du das kleine weiße Zimmer in der Villa meines Großvaters be-wohntest. Wie alt bist du denn jetzt?» frage ich, als wäre es das einzig Wichtige im Leben. Sie lacht laut auf und wackelt dabei etwas mit dem Kopf, wie es alte Leute tun. Doch bei ihr hat es auch etwas Jungmädchenhaftes. «Man ist so jung, wie man sich fühlt, hat der Großvater immer gesagt. Und ich fühle mich jetzt einhundertdrei Jahre jung. Da bist du mit deinen einundfünfzig Jährchen doch wie ein Enkelkind für mich, nicht?» Sie krächzt dazu ein papageienhaftes La-chen und fährt fort: «Nächsten Monat habe ich meinen hundertvierten Geburtstag. Ich gebe eine Party mit dem König als Gast. Komm doch auch, wenn du Zeit hast.»

«Gern», sage ich, doch innerlich bin ich immer noch kon-sterniert. Etwas in mir will die Tatsache, daß diese Person vor mir über einhundert Jahre alt ist, nicht akzeptieren. Zuviel spricht dagegen. Ihre Beweglichkeit, ihre Lebendigkeit, die Flexibilität ihrer Haut, die Hände sind nicht knochig, die Nägel gepflegt und nicht krallig, kaum Altersflecken, die Lippen sind voll, der Atem ist gut, ihr schulterlanges Haar hat einen lebendigen Glanz. Ob sie noch volle Brüste hat, kann ich nicht erkennen. Der Ausschnitt ihres Kleides ist zwar groß und läßt viel von ihrer sonnengebräunten Haut frei, doch es ist geschickt geschnitten.

Sie weiß, daß ich sie beobachte, sie spürt meinen forschenden Händedruck.

«Ja, Lotte», beginne ich entschuldigend, «ich bin wegen dem Tempel hier, den ich von dem Foto kenne, das Großvater mit einer Widmung für dich versehen hat.»

«Ach», lacht sie, «wegen dem bin ich dreimal in Indien gewesen, einmal in Konarak, einmal in Mahabalipuram und einmal in Khajuraho. Und es ist der Tempel dort, den das Foto zeigt. Doch er hat mit der Skizze auf der Rückseite des Fotos und dem Geheimnis ewiger Jugend nichts zu tun. Fündig wurde ich erst hier oben auf dem ehemaligen Weg nach Tibet.»

«Warst du in Tibet?»

«Na klar», lacht sie, «schließlich war Tibet Wilhelms großer Traum, seit er Sven Hedin kannte. Da mußte ich doch hin, nicht?»

«Ja, ich entsinne mich gut der vielen Bücher mit Widmungen von Sven Hedin und der Briefe, die er meinem

Großvater schrieb. Ich las sie alle in einem Alter, in dem meine Schulkameraden Karl May verschlangen.»

«Ich war in Tibet, bevor es von den Chinesen besetzt wurde, und ein zweites Mal gut ein Jahr vor der Flucht des Dalai Lama. Ich hatte das Glück, hier in Katmandu den Besitzer des Hotels Yak als Freund zu gewinnen. Er riet mir, hierzubleiben und nach dem zu forschen, was ich herausbekommen wollte.»

Ich werde ungeduldig und frage: «Hast du es herausbekommen?»

Sie lacht kichernd und trinkt von ihrem Wein, nachdem sie mit mir angestoßen hat.

«Kaiserstühler Spätherbst Gewürztraminer, den haben sie nur wegen mir. Glaubst du, ich mit meinen über hundert Jahren würde so aussehen, mich so fühlen und hier mit dir zusammen Wein trinken, wenn ich nicht einen kleinen Teil des Geheimnisses über die immerwährende Jugend herausbekommen hätte?»

«Nein, nein», stammle ich, «du bist ja der Beweis dafür.»

«Und noch viel mehr meine Tochter Susen! Für wie alt schätzt du das scheue Kind?» Susen ist es peinlich und sie sagt: «Ach Mama.»

«Na, na», macht Lotte und beteuert: «Das ist jetzt Wissenschaft und kein eitles Getue. also schätz mal, aber ehrlich.»

«Ich weiß es nicht», sage ich aufrichtig. «In den Ruinen des Tempels schwankte ich zwischen zwanzig und vierzig, aber man kann das wohl nicht mehr schätzen nennen.»

«Also, sie ist zweiundsechzig Jahre alt. Und zum Glück hat sie einen englischen Paß, weil ihr Vater Engländer war. Das eröffnete mir damals die Chance, in all die Länder zu reisen, die englische Kolonien waren und die daher dein Großvater nicht besuchen konnte.»

Ich beginne, im Kopf zu rechnen, und sie sieht es mir an.

«Laß die Rechnerei», sagt sie, «schau, ich war damals einundvierzig, und dein Großvater wollte aus Rücksicht auf seine Frau kein Kind mit mir haben. Ich denke, sie hätte sich das Leben genommen. Da brachte der Wilhelm eines Tages einen Engländer, einen schlanken, dunkelhäutigen Halbinder aus London.

‹Besser, du machst es, bevor du zu alt bist, Lotte›, sagte er, und mir gefiel der Engländer mit dem dunklen Teint, den festen Haaren und dem zarten Gliederbau. Den hat die Susen von ihm, ich habe dicke Beine.»

«Ja, ich weiß», bestätige ich.

«Die Quelle der ewigen Jugend hatten der Großvater und ich auch noch nicht gefunden, wenngleich Sir Genmouth, ein Indienliebhaber und Gönner von Susens Vater, immer davon sprach. Von ihm stammt auch das besagte Foto aus Indien.»

«Was hast du mit den tausend Goldmark aus dem Erbe von Großvater gemacht?» frage ich mit beinahe kindlicher Neugier.

«Die haben mir die Reise nach Indien ermöglicht», sinnt Lotte nach, und in ihren Augen weilt Vergangenheit.

Plötzlich wirkt sie älter, und ich bemerke, wie die Wirklichkeit der jeweiligen Gedanken und Gefühle das Alter beeinflussen.

«Susen hielt sich zufällig bei ihrem Vater in London auf, als der Zweite Weltkrieg ausbrach. Sie blieb dort, und ich ging 1954 zu ihnen. Kurze Zeit später verließ ich England wieder und fuhr mit dem Geld deines Großvaters nach Indien. Ich wollte die Quelle ewiger Jugend finden.»

Während Lotte spricht, steht Susen auf und entfernt sich. Ich sehe ihr bewundernd nach, denn trotz ihrer mehr als sechzig Jahre wirkt sie jugendlich. Die beiden Frauen müssen tatsächlich etwas Wesentliches über den Prozeß des Alterns herausbekommen haben, denke ich dabei.

«Es war anfangs sehr schwer für mich, Androtschei, oder wie heißt du jetzt? Andro, ja? Nicht das Reisen oder daß ich eine Frau war, ach nein. Die Reisen mit deinem Großvater hatten aus mir einen halben Mann gemacht. Auf Skiern in den Hohentauern und in der Tatra oder auf dem Schiff in der Adria vor Brioni, mit schlechten Segeln und unfähigen Seglern. Ich konnte mit dem Revolver ebensogut schießen wie mit dem Vorderlader, allerdings einem 12er Damenleicht, wie man dazu sagte. Schwer war die Verständigung. Schon das Englische machte mir Mühe, und das spricht kaum jemand hier. In Tibet und unter den Mönchen mußte ich Tibetisch können. Es gab nicht einmal ein dürftiges Wörterbüchlein, ich mußte mir damals selber eines machen.»

«Wo ist die Quelle?»

«Es ist nicht eine bestimmte Quelle, sondern das Wasser, in dem du badest. Shivas Bad, verstehst du? Doch es hat lange gedauert, bis ich das verstand. Und weißt du, warum ich es zuerst nicht verstehen wollte?»

«Nein.»

«Weil der Wilhelm diesen Teil ja schon entdeckt und praktiziert hatte, das morgendliche kalte Bad. Die anderen Teile hatte er nicht entschlüsselt.»

«Was hatte er nicht entschlüsselt? Hattet ihr etwas Geschriebenes?» frage ich, denn plötzlich bin ich hellhörig geworden. Ich krame nach der Fotografie mit dem Tempel in Khajuraho und dem Plan auf der Rückseite und zeige sie Lotte.

«Ja. Zu dieser Fotografie gehörten antike Palmblätter mit Texten und Skizzen.»

«Kann ich sie sehen?» frage ich wie elektrisiert.

«Natürlich», sagt sie. «Aber nicht hier am Tisch. Ich habe meine Sammlung antiker Dokumente klimageschützt in dem Atelier des Hotels Yak verwahrt, wo ich arbeite. Du kannst sie morgen sehen, wenn du willst.»

«Tatsächlich», fährt sie fort, «stammen die Palmblätter von tibetischen Mönchen, die nach Assam gewandert waren und von dort ihren König in Patan, der damals nicht nur König von Katmandu, sondern auch von Tibet war, über einen tantrischen Frauentempel unterrichteten.

Die Mönche waren ausgeschickt worden, für die schnell alternde Frau des Königs ein Heilmittel zu finden. In dem

Text auf den Palmblättern berichten sie, daß die Frauen des Yoginitempels Kamarupa in Assam eine alle Jahre überdauernde Jugend und Schönheit besitzen. Dazu ist noch zu sagen, daß in ihrer Sprache das Wort für Schönheit auch Libido meint. Danach beschreiben die Mönche Übungen und Gebete, die diese Wirkung auf die Frauen haben.

Zuerst das morgendliche kalte Bad im Fluß, nackt und unter Anrufung Shivas. Danach folgen Übungen, die aus mindestens fünf Körperstellungen bestehen. In Verbindung mit sexuellem Training ermöglichen sie eine perfekte Harmonie der Säfte und Kräfte des Körpers. Und vor allem», Lotte erhebt mahnend den Zeigefinger, «keine Enthaltsamkeit.»

Das hatte ich mir schon gedacht. Aus den Lehren des Tantra, die wohl auch im Yoginitempel in Assam eine wichtige Rolle gespielt haben mögen, war mir bewußt, daß Jugendlichkeit mit Lust und Libido zusammenhängt und das eine nicht ohne die anderen zu haben ist.

«Wie machst du das heute?» frage ich impulsiv.

«Ach», lacht sie und hebt die Serviette ans Gesicht, «nachmittags zur blauen Stunde kommt Upul, ein junger Masseur, zu mir, und wir tun das Erforderliche. Es bereitet mir immer noch sehr viel Lust, wenngleich ich es heute auf eine andere Weise tue. Ich ertrage das Gewicht und das Gedränge eines Männerkörpers nicht mehr so gut wie früher, verstehst du, aber es gibt tausend Techniken, die eine Frau befriedigen können. Das habe ich erst durch das Studium des Tantra entdeckt. Aber eine Frau redet mit einem Mann nicht darüber bei Tisch. Mit dir ist das allerdings etwas anderes. Du gehörst ja zur Familie, nicht wahr?»

Ich bin erstaunt und voller Bewunderung über soviel Tatendrang.

«Und Lotte», sage ich, «du hast also gelernt, tibetisch zu sprechen?»

«Ja, ich habe es gelernt, um über mein Anliegen und den Palmblattext sprechen zu können. Aber eben der führte zu einem jahrelangen Verwirrspiel.»

«Weshalb Verwirrspiel, ich dachte, der Text ... »

«Papperlapapp, mit ihm ging es genauso wie mit dem Foto. Man muß erst einmal darauf kommen, daß das Foto überhaupt nichts mit der Skizze auf seiner Rückseite und dem Palmblattext zu tun hat.»

Ich erahne die Schwierigkeiten ganz gut.

«Das Ärgste für mich war, nicht ernst genommen zu werden. Natürlich haben sie Lust nicht mit Lust übersetzt und Vereinigung nicht mit Vereinigung. Es sollte alles andere bedeuten, nur nichts Sexuelles. Aber zuerst hatte ich keine Ahnung, worin die Verfälschung lag. Ich dachte, sie hätten hier nicht unsere Moralvorstellungen, doch sie kannten sie bereits und wollten mich nicht brüskieren und sich selbst nicht bloßstellen. Es ist hart, wenn du eine Frau bist.»

«Wo hast du die Körperstellungen entdeckt?»

«Du wirst lachen. Der kleine Tempel hier, nahe dem Bagmati, brachte mich auf die richtige Spur. Ich fand dort die gleichen Zeichen wie auf der Palmblattschrift. Und die Reliefs waren so eindeutig, daß mir niemand andere Inhalte vorschwindeln konnte.»

«Wann war das?» frage ich.

«Ich glaube etwa 1958 oder 1959. Es waren die Jahre, als in Indien die Sache mit Gandhi anfing, ernst zu werden, und ich mir Sorgen machte, wo ich bleiben könnte. Da schloß ich Bekanntschaft mit einem Mitglied des nepalesischen Königshauses und erhielt dadurch genug Unterstützung, den kleinen Tempel freilegen zu lassen. Er war nämlich gänzlich zugewuchert.»

«Und die Texte?»

«Die erfuhren endlich eine treffendere Übersetzung, vor allem, da es eine Originalschrift im Besitz des Königshauses gab. Meine Texte waren nur eine mit Fehlern übersäte Kopie, die offensichtlich ein unverständiger Schreiber angefertigt hatte.»

«Gibt es hier Leute, die die Übungen praktizieren?»

«Ja, aber es handelt sich dabei fast nur um Europäer. Nepalesen finden sie pervers. Sie schwören auf Pillen.»

«Aber ursprünglich waren sie doch eine offizielle Angelegenheit?»

«Der Auftrag schon, aber das Ergebnis wendete wohl kaum jemand an. Der König ließ seinerzeit ein wunderschönes Bad im Palast bauen, vermutlich, weil seine Frau nicht in dem dreckigen Wasser des Bagmati baden durfte. Ob sie die Übungen und das Training befolgte, ist gänzlich fraglich. Die tibetischen Mönche hinterließen aber eine Art Schule mit Tempel für Frauen, wozu der kleine Tempel und der Badeplatz am Bagmati gehören.»

«Wann hast du begonnen, das Entdeckte zu praktizieren?»

Lotte lacht und läßt sich vom Kellner eine Mango aufschneiden.

«Ich wendete alle Bruchstücke, die ich fand, sofort an. Zuerst das kalte Bad, das mache ich bereits seit 1908, als ich mit deinem Großvater und deiner Mutter das Freilichtbad in Würm besuchte.»

«Ja», sage ich erstaunt, «es gibt ein Foto mit meiner Mutter als Baby, meinem Großvater, meiner Großmutter sowie einem jungen Mann und einer jungen Frau, die mir unbekannt sind.»

«Die junge Frau bin ich. So lernte ich deinen Großvater kennen. Ich war Schülerin einer fortschrittlichen Schule mit Freikörperkultur und neuen pädagogischen Ansichten, und dein Großvater gehörte zu den Stiftern der Schule. Er lud gelegentlich Lehrer und Schüler zu sich in seine Landhausvilla ein, wo er das gesunde Reformleben demonstrierte. Dazu zählten das morgendliche Bad, Körperübungen und eine Art Sonnengebet. Wir sangen und gingen nackt über die mit Morgentau benetzten Wiesen.»

«Waren das etwa schon die Übungen von hier?»

«Nein, nein, Andro, dein Großvater war ein intelligenter Erfinder. Von dem kalten Bad muß ihm jemand erzählt haben, und auch, daß es Übungen dazu geben soll. Da er aber keine Anhaltspunkte hatte, um welche es sich dabei handelt, erfand er eben selbst welche. So verfuhr er auch mit den Gesängen. Außer dem *Om mani padme hum,* das ihm sein verehrter Sven Hedin mitgeteilt hatte, kannte er nichts. Deshalb hat dein Großvater mit seinen Patienten morgens gesungen: So daß ich verehre die Sonne und den Regen, den Wind und die Luft.»

Lotte fängt plötzlich an, laut zu singen, es reißt sie mit, sie steht im Speisesaal des feinen Hotels und schlägt mit den Händen den Takt zu ihrem Lied. «Ja, und ich bin dazu vorneweg gesprungen mit einem Tamburin.» Lotte setzt sich wieder hin. Die letzten Gäste machen sich bereit zum Gehen.

«Die Übungen deines Großvaters waren zwar ganz gesund, aber nicht geeignet, einer Frau die Jugend und die Lust zu erhalten.»

«Die richtigen Übungen hast du hier im Tempel gefunden?» frage ich neugierig.

«Ja, aber nicht alle. Erst eine Reise nach Assam brachte mich endgültig ans Ziel. Sie war damals schwierig wegen der Unabhängigkeitsunruhen, die dort herrschten. Es kostete mich Jahre, bis ich nach Assam kam.»

«Du hast also erst mit über sechzig Jahren begonnen, die Übungen zu machen?»

«Eine der wichtigen, das Kaltbaden, habe ich ja schon von früh an gemacht und damit alle entsetzt. Mit meiner

Nacktheit bei den Sonnen- und Luftbädern auch. Und sexuell war ich keine Kostverächterin. Ich kannte die Selbstlust, und um nicht ständig in der Gefahr leben zu müssen, schwanger zu werden, entdeckte ich die Tribadie.»

«Die was?» frage ich.

«Die Liebe zu Frauen, bei der auch die sexuelle Lust mit ihnen geteilt wird.»

Ich höre niemanden mehr hinter uns, auch Lotte schaut sich um. Ich schlage vor, daß wir uns am nächsten Tag wieder treffen.

«Wenn du willst», sagt sie keck, «kannst du mich morgen früh zum kalten Bad begleiten. Ich bade immer bei Sonnenaufgang im Königsteich.»

Ich nicke, und wir verabschieden uns. Ich will meinen Teil der Rechnung bezahlen, aber Lotte winkt generös ab und sagt: «Laß ruhig, heute bist du mein Gast, ein Gast aus der Vergangenheit, der jünger ist als ich.»

III

Ich bin noch lange wach diese Nacht. Ich sehe durch das Fenster meines Hotelzimmers den Widerschein der tausend Öllampen am Bodnathtempel, wo die Tibeter ihr monatliches Fest zelebrieren. Ich habe einen Tee am Bett stehen in schönem chinesischem Porzellan. Katmandu war eine der letzten Wegstationen auf der alten Seidenstraße und Schmelztiegel aller Kulturen und Religionen zwischen China und Indien. Ausgerechnet hier treffe ich Lotte wieder, die ich für längst tot gehalten habe.

Ich denke darüber nach, daß sie und ich die Wege gehen konnten, die meinem Großvater verwehrt geblieben waren. Und daß es ganz und gar kein Zufall sein konnte, Lotte jetzt zu treffen, nachdem ich selber bereits den tantrischen Weg entdeckt hatte, und nicht zehn Jahre früher, als ich mehrfach in Katmandu war.

Niemand hat nur sein Einzelschicksal, wenngleich viele Menschen sich das so wünschten. Wir sind alle in eine lange Kette von Schicksalen oder Karma aus Vorleben verknüpft, die unsere individuellen Erfahrungen bestimmt. Erst wenn wir reif genug sind, die einzelnen Knotenpunkte in unserer Schicksalskette zu lösen, werden sie uns im Leben begegnen. Heute bin ich wegen der gleichen Sache hier wie Lotte, daher treffe ich sie.

Es gibt also das verjüngende oder jungerhaltende Agens. Die Tibeter, obgleich sie nicht am Leben hängen wie wir Westler, haben über Jahrtausende das Langlebigkeitsprogramm gekannt, bis sie es schließlich vergaßen. Es war für sie nicht so interessant. Sie wußten, daß Millionen von Inkarnationen auf sie warteten. Und für die meisten hätte eine Verlängerung ihres Lebens nur eine Fortdauer ihres Elends bedeutet. Die Überwindung des Elends suchten sie eher in einem raschen Verblühen und Übergang zur nächsten Inkarnation, die vielleicht bessere Chancen bot.

Ich denke an meinen Großvater. Wie kam es, daß die fernen asiatischen Kulturen ihren Weg bis zu ihm fanden? Gewiß war er ein interessierter Zeitgenosse, der sich mit Spiritismus und Mesmerismus beschäftigte. Er gehörte einer Gruppe um Graf Dürckheim an, die in Todtnau im Schwarzwald eine Hütte als geheimen Treffpunkt hatte, wo sie ihren magischen Ideen nachging. Er war mit Feininger, Adler, Freud und Grodeck befreundet und eiferte den Naturärzten Kneipp und Paracelsus nach. Sein begieriger Geist begrüßte die esoterischen Ideen Asiens, die zu jener Zeit zaghaft in Europa Fuß zu fassen begannen, als willkommene Bereicherung seines Lebens. Die sexualpraktischen Geheimlehren der Tibeter mußten ihm in Sven Hedins Schriften begegnet sein.

Mein Großvater Wilhelm war ein Praktiker, kein Spintisierer, daher hielt er nichts von der esoterischen Abgehobenheit Annie Besants und der Theosophischen Gesellschaft. Er probierte alles selber aus, bevor er es in sich aufnahm. Und sein unermüdlicher Forscherdrang ließ ihn dort erfinden, wo Lücken im Puzzle der Überlieferungen waren. Er lag damit oft falsch, oft richtig, doch in der Sache mit der ewigen Jugend für Frauen konnte er kaum selber experimentieren.

Wieviel hatte Lotte nun herausbekommen und welche Auswirkungen hatte es auf sie? Vielleicht lag ihre Vitalität bis ins hohe Lebensalter nur an einer begnadet robusten Natur? Doch wie auch immer es sich mit ihr verhielt, die Erscheinung ihrer Tochter zeugte von etwas gänzlich anderem. Susen hatte etwas, das Lotte nicht ausstrahlte. Lotte war eine alte Dame, die sich gewiß bester Gesundheit erfreute, Susen dagegen besaß etwas von der sagenumwobenen Hagar der Saharabewohner. Blickt man ihr in die Augen, so heißt es, verschwimmt ihre Gestalt zu dem, was man selbst sehen will. Ihr Haar ist wie von Feuer geläutert. Sie erneuert sich immer wieder im magischen Feuer, das sie aus jeder Erdspalte hervorzuziehen vermag. In ihrer Gegenwart ist man Kind und Greis, und sie ist einem Mädchen und Frau, Mann und Mutter zugleich. Dabei ist ihr Wesen voll Mut und Entschiedenheit, wie das der Jeanne d'Arc, dennoch ist sie keine Amazone.

Nein, Susen ist keine sechzig Jahre alt. Mein Geist verwirrt sich zusehends, je mehr ich ihr Alter mit ihrem Aussehen vergleiche. Die beiden Frauen, denke ich zeitweilig, verwickeln mich in ein magisches Gestrüpp der Spekulationen. Aber weshalb? Nein, natürlich weiß ich nicht, weshalb sie das mit mir machen sollten. Es liegt kein Gewinn für sie darin, außer der Freude am Mystizieren vielleicht.

Ich weiß genug von Frauen, die ihr Leben ohne Lust und Vergnügen fristen. Ihre Libido versiegt mit dem Klimakterium, und sie sind froh darüber. Doch auch ihre Lebenskraft schwindet, und sie werden wie meine Großmutter mit ihrem faltigen Mund, den schmalen Lippen, den hängenden Brüsten, dem trockenen Schoß, die sich gebeugt dahinschleppte und nur noch für den Gevatter Tod aufsparte. Welches Gegenstück dazu Lotte!

Ich muß Lotte noch vieles fragen, denke ich, aber ich muß vor allem viel mehr von Susen wissen, denn sie scheint die wirkliche Gewinnerin am Quell ewiger Jugend zu sein. Sie profitiert offensichtlich noch auf ganz andere Weise davon als ihre Mutter Lotte.

Ich nicke über dem letzten Gedanken ein. Ich habe das nach Osten gehende Fenster am Balkon mit den chinesischen Schnitzereien offengelassen, damit mich das erste Vogelgezwitscher in der Morgendämmerung weckt. Einen Rikschafahrer habe ich schon bestellt; er schläft in seiner Fahrradkutsche unten im Hof, um mir gleich zur Verfügung zu stehen, wenn ich ins Hotel Yak zu Lotte und Susen aufbreche.

IV

Der erste helle Lichtstreif liegt lachsfarben am Horizont, als ich durch das schmiedeeiserne Portal des Hotelparks geradelt werde. Ein barfüßiger schmächtiger Junge mit großen Augen führt mich über schwarzweiße Bodenkacheln und durch Laubengänge in den Hof hinter das Hotel und schickt mich dort alleine weiter.

Der See liegt vor mir. Riesengewächse mit meterbreiten Blättern, Ranken und riesige Bambusrondelle rascheln in dem leichten und noch kühlen Morgenwind. Auf den großen, runden Schwimmblättern der Lotosblumen glitzern Tautropfen. Hinter einer Reihe Bougainvillearanken stehen zwei Frauen nackt am See, Lotte und Susen.

Natürlich würde die Elevin meines Großvaters überall nackt baden. Der Körper dieser alten Dame ist wie eine Regenwaldliane, gebogen, derb und fest. Susens Körper dagegen hat einen frischen, jugendlichen Glanz. An ihr ist nichts Derbes oder Wettergegerbtes, die Haut ist bronzen, die Brust wie die eines Mädchens, die Mamille erhoben und das rotschimmernde Haar fällt ihr in Flechten auf die Schultern.

Die beiden Frauen singen ein Mantra, das ich nicht kenne. Ich entkleide mich und stelle mich neben sie. Ihre Stimmen sind nicht laut, aber bestimmt. Die Töne mischen sich mit denen der Vögel und Tiere und den Geräuschen, die der Wind in den Pflanzen macht.

Ich singe eines meiner Tantramantras, und dann gehen wir ins Wasser zwischen die Lotosblumen. Das Wasser ist kalt. Schauer laufen mir über die Schultern. Wir tauchen ganz ein. Das rötlichblonde Haar Susens schwimmt zwischen den Lotosblumen wie eine seltsame Pflanze. Wir müssen heftig atmen wegen der Kälte. Als wir wieder an Land sind, reiben wir uns die Körper mit den bloßen Händen trocken. Ich bemerke, daß Lotte es genauso macht, wie ich es von meinem Großvater kenne. Dabei werden unsere Körper heiß, sie dampfen ein wenig in der Luft, so groß ist der Temperaturunterschied.

«Das hier ist das schönste Bad, das ich kenne», sagt Lotte und betrachtet mich von oben bis unten. «Wenn wir kein so schönes Bad haben, tut es auch jede Badewanne. Dein Großvater hatte Zinkwannen im Garten, kannst du dich erinnern?»

Und ob ich das kann. Es gab einen Badeplatz für Männer und einen für Frauen mit jeweils zwölf Zinkwannen. Da zwischen befand sich eine mit Efeu überwucherte Sichtschutzwand.

Meine Aufmerksamkeit bleibt von Susen gefesselt. Sie schlingt ein Tuch um den Hals und macht einen Knoten, so daß das dünne Tuch wie ein elegantes Kleid ihren Körper umhüllt. «Es ist von Hand gefärbte Seide aus China», sagt sie und streicht den glänzenden Stoff auf ihrer Haut glatt.

«Wir gehen dort unter das Dach für die Übungen», Susen deutet auf einen kleinen ziegelgedeckten Tempel im Schatten riesiger Flammenbäume, deren rote Blüten das Gras bedecken. Der Tempel steht auf Holzsäulen und hat einen gepflegten Parkettboden. Die Frauen finden Strohmatten, die sie entrollen. Nachdem sie auch mir eine gegeben haben, setzen wir uns.

«Am besten», sagt Susen, wobei sie sich die Haare lässig in den Nacken streicht, «machst du die Übungen einfach mit, soweit du sie verstehst. Wir haben später genügend Zeit, sie dir im einzelnen zu erklären. Das Wesentliche an den Übungen wirst du allerdings jetzt beim Üben nicht mitbekommen, da es inwendig geschieht.» Lotte übt schon, sie sitzt auf der Matte und atmet durch die Nase ein und durch den Mund zischend aus.

Wir haben bei den Übungen einen wunderschönen Blick auf die Gebirgskette des Himalaya, das Dach der Welt, den Kontinent der Tibeter. Die Zeit versinkt im morgendlichen Glast; der weißbläuliche Dunst unter den Siebentausendern läßt die riesigen Berge wie luftige Schiffe schweben. Auch die nackten Frauen neben mir nehmen eine zeitlose Qualität an. Wir machen die Körperübungen zusammen so selbstverständlich wie Atmen und Denken.

Ich kenne die Übungen, teilweise sind es klassische Asanas, aber die Frauen machen etwas damit, was ich nicht verstehe. Ihr Körper kommt dabei ins Vibrieren. Nach einer Stunde werden die Frauen plötzlich bewegungslos, sie sitzen aufrecht voreinander und schauen sich in die Augen. Ihre Stimmen ertönen zu einem schönen Gesang: «Om aham asmi, shakti rupena samshita, namastayai; namastayai, nammastayai, namo namahah.» Neunmal erhebt sich perlend ihr Gesang, wie der Flügelschlag zweier Vögel, in die jetzt helle Morgensonne. Dann umarmen sie sich schweigend, machen eine Geste der Verehrung und wenden sich mir mit dem gleichen Gruß zu. Anschließend gehen wir still über den noch taufeuchten Rasen an den alten Bäumen vorbei zum Hintereingang des Hotels.

V

«Das ist der Brief des tibetischen Mönches Luchsen an seinen König.» Lotte versteht meine Ungeduld und zeigt mir ein Büchlein aus mehrfach übereinandergeschichteten Palmblättern. Wir sitzen beim Frühstück im Speisesaal des Hotels Yak. Ich meinerseits habe die drei Palmblätter mitgebracht, die in meinem Besitz sind, und überreiche sie ihr. «Ach je», ruft sie. «Das ist der Deckel und das Ende des Briefes, so ist doch wieder alles beisammen. Die große Schlange darauf symbolisiert die Lebenskraft, aber auch die Sexualkraft.»

Ich blättere die vergilbten Blätter rasch durch. Unübersetzt kann ich den Text ja doch nicht lesen. Susen beugt sich zu mir, sie trinkt Wasser und verzehrt einen Teller voll weißer Blüten mit rosafarbenem Rand, die sie am Stiel packt, in eine Sauce tunkt und kaut. «Ich kann dir die Geschichte des Mönches kurz übersetzen.»

Ich nicke. Es werden noch große Teller verschiedenster Früchte gebracht und Kannen mit Tee und feine Tassen aus durchsichtigem chinesischem Porzellan.

«Mein König», beginnt sie, «die Frauen des Yoginitempels hier in Assam sollen sehr alt sein. Niemand kennt ihr wahres Alter. Ich habe den Tempel besucht, aber weil ich ein Mann bin, ist mir der Zutritt ins Innere nicht erlaubt. Doch es ist mir möglich, mit den Frauen zu sprechen. Sie gehen alle nackt, nur nachts bedecken sie sich, während sie schlafen. Allesamt machen diese Frauen einen jungen und schönen Eindruck, wenngleich an manchen Körperteilen zu sehen ist, daß sie wohl ein hohes Alter haben müssen.

Zum größten Teil ernähren sie sich von Wurzeln und Pflanzen und zu rituellen Zwecken verzehren sie gelegentlich auch Fleisch und Fisch. Zum Vollmond machen sie ein Lichterfest und zu Neumond ein Blutfest, an dem ein Ziegenbock geschlachtet und verzehrt wird. Sie färben sich die langen Haare mit den Blättern und Wurzeln einer Pflanze rot und reiben sich das Zahnfleisch mit einer Paste aus Teilen der gleichen Pflanze ein. Ihre Zeremonialgegenstände sind aus menschlichen Knochen, die sie auf Verbrennungsstätten einsammeln, und aus geschliffenem Bergkristall.

Die Frauen sind bescheiden und sehr selbstsicher. Sie haben keine Ansprüche, aber ihre Haut riecht gut, sie sind jederzeit zur Lust bereit und frei von Krankheiten. Jeden Morgen vor Sonnenaufgang gehen sie in einer geschlossenen Reihe nackt zum Flußufer und nehmen gemeinsam ein Bad und rufen dabei Shiva an. Täglich machen sie eine besondere Übung zur Verehrung ihrer Yoni. Ebenso pflegen sie die sexuelle Vereinigung mit ihnen unbekannten Männern, die in einen besonderen Teil des Tempels kommen. Sie müssen eine Form der Empfängnisverhütung kennen, da es nicht von kleinen Kindern wimmelt.

Die täglichen Übungen, die sie machen, will ich jetzt beschreiben. Die wichtigste Übung besteht in einer Art Atmung, bei der nicht nur Bauch und Lunge beteiligt sind, sondern auch der Unterleib. So vermögen sie mit der Yoni zu atmen wie mit dem Zwerchfell, und die Öffnung ihrer Yoni beherrschen sie wie die Lippen des Mundes; sie können damit Früchte aufnehmen und wieder ausstoßen. Zur Reinigung der Yoni machen sie auf ebendiese Weise eine tägliche Waschung mit abgekochtem Wasser und einigen Tropfen des ätherischen Öles des Teebaumes.

Sie machen für die Dauer von einhundertacht Atemzügen Kontraktionen mit der Yoni, wobei sie bestimmte Körperstellungen einnehmen. Es sind fünf Übungen, die sie so nach dem Bad Shivas verrichten. Ihr Blick ist dabei der aufgehenden Sonne zugewendet. Da ist zunächst die Haltung des großen Bambus, dann des Elefanten, der mit seinem Rüssel in der Erde rührt, dann der Gebärenden in tiefer Hocke, des Pflugs und am Ende des Kopfstands. Während der Übungen singen sie die Silben, die das Mantra *kring hum sam eim om* bilden. Am Ende sitzen alle in einer Reihe, erheben die Hände zum Horizont und singen neunmal das Mantra *Om aham asmi, shakti rupena samshita, namastayai; namastayai, nammastayai, namo namahah.*

Die Übungen, so sagen sie, erhalten ihr Fahrzeug jung. Sie sind alle Anhängerinnen des Maithuna-Tantra. Kinder, die sie bekommen, ziehen sie auf bis zum Alter von dreieinhalb Jahren und geben sie dann zur Adoption frei. Eine

Frau kann erst nach der ersten Menstruation bei ihnen im Tempel eintreten. An ihren roten Tagen tragen sie ein Blutzeichen auf der Stirn, und dies sind auch die Tage des Maithuna.»

«Das ist alles?» frage ich ernüchtert.

«Wahrheiten sind immer desillusionierend oder enttäuschend, weil sie uns von Täuschungen befreien», sagt Susen.

«Worin liegt denn nun die verjüngende Kraft?» frage ich.

«Iß doch erst einmal», erinnert mich Lotte an eine so profane Sache wie die Nahrungsaufnahme.

«Die Texte», fährt Susen fort, «lassen nicht viel erahnen. Ich habe sie dir bereits verständlicher übersetzt, als sie uns am Anfang waren. Wir mußten beispielsweise erst die richtigen Begriffe für die Körperteile oder die Stellungen herausfinden, denn keiner der Übersetzer, die uns für Geld behilflich waren, teilte sie uns korrekt mit. Ihre Interpretationen machte die Sache eher verwirrender. Die wirkliche Einsicht brachte uns erst der Tempel am Bagmati, hier in Katmandu.»

«Wie das?» frage ich erstaunt.

«Weil dort die Abbildungen und Reliefs genau zu den Begriffen passen.»

«Nur die Sache mit dem Feueratem», warf Lotte ein, «mußten wir ganz woanders klären, weil ihn die Frauen in Assam auch nicht mehr gemacht hatten.»

«Gibt es einen Grund, weshalb ihr Blüten eßt?» frage ich, während ich mir Müsli und frische Brötchen mit Butter schmecken lasse.

Susen lacht. «Es gibt in Indien viele Menschen, die Blüten essen, aber das allein verhilft ihnen nicht zu einem starken Leben. Andere trinken zehn Jahre lang nur Wasser und leben noch, aber keiner weiß wozu. Ich esse die Blüten, weil sie so schön aussehen und gut schmecken. Hier, koste einmal die Yakfruchtblüte», sie reicht mir mit der Gabel eine große gelbe Blüte. Sie schmeckt aromatisch, leicht nach Vanille und köstlich frisch.

«Und die täglichen Übungen, zusammen mit dem Bad und dem Atem, genügen, um so wunderbar jung zu bleiben wie du, Susen?» frage ich.

«Ja und nein», antwortet sie und sieht dabei eher traurig und nachdenklich aus. «Wir haben im Hotel Vajra ein kleines Zentrum mit Meditationsraum und Sauna. Es kommen regelmäßig Frauen zu uns, aber ihre innere Einstellung macht es ihnen schwierig.»

«Was meinst du mit innerer Einstellung?»

Lotte schüttelt energisch ihr langes Haar und lacht etwas verächtlich dabei. Dann sagt sie: «Die Einstellung der Frauen zur Lust ist das Problem. Hast du eine Ahnung, wie wenig Lust die Frauen haben? Du würdest dich verkriechen, wenn du mit so wenig Lust leben müßtest. Frauen ist vieles verboten, am meisten aber die Lust. Für jeden Funken Lust, den sie spüren, müssen sie tausendfach büßen und sich kasteien. Sieh mal, Lust wird von unserer Moral auf eine Stufe mit Mord und Totschlag, Raub und Geiz gestellt. Frauen, die ständig Lust fühlen, schneidet man die Organe raus oder steckt sie in die Irrenanstalt. Sie wurden als Hexen verbrannt und als Huren beschimpft. Männer haben dagegen solche Unannehmlichkeiten nicht zu fürchten, weil ihre Lust von viel zu kurzer Dauer ist, als daß sie bedrohlich werden könnte. Ein Mann mit Lust ist ein geiler Bock, aber immer noch angesehen. Frauen müssen für jede Empfindung ihrer Klitoris um Vergebung beten oder sich bis zum Tod dafür schämen. Und darüber werden sie grau oder böse und aggressiv.»

«Lotte», bittet Susen mäßigend.

«Laß mal», antwortet Lotte energisch. «Ich bin überzeugte Suffragette und gehe für meine Überzeugung aufs Schafott, wenn es eines gibt!»

«An diesem Umstand haben aber nicht nur wir Männer schuld», werfe ich ein.

«Nein», sagt Susen und schaut mich warmherzig an. «Es sind die frigiden Mütter, die ihre Töchter nicht lieben und ihre Söhne begehren und sich selber für ihr ungestilltes Verlangen hassen.»

«Aber die Prostituierten, die müßten doch . . .»

Susen schüttelt nachsichtig den Kopf. «Prostituierte sind oft frustrierter als eiserne Jungfrauen. Es bedarf der richtigen Einstellung zur Lust, und davon fehlt uns jede Spur in Europa.» «Und in Indien», ergänzt Lotte ärgerlich.

Das Gesagte stößt bei mir auf Verständnis. Es ist mir nicht neu, was ich höre. Ungewohnt ist nur, es von Mutter und Tochter zu hören. Ich sage: «Ein Franzose hat einmal gesagt, daß nichts so grau und häßlich mache wie ein schlechtes Gewissen.»

«Eben», sagen beide Frauen wissend.

«André Gide», erklärt Susen und blinzelt mich an, «und der war schwul.»

«Aber zurück zum Wesen der Jugend», sage ich und falte die Palmblätter zusammen. «Was gibt einer Frau nun Jugendlichkeit, Gesundheit, Lust und ewiges Leben.»

«Die Lust», sagt Susen und deutet auf die Schlange auf dem Deckblatt der Blättersammlung. «Die Schlange ist das Symbol für die menschliche Lebenskraft. Die Tantriker bewirken durch das Üben sexueller Praktiken das Aufsteigen der Schlange, die normalerweise zusammengerollt und schlafend am Steißbein liegt. Manche Abbildungen zeigen eine mehrköpfige Schlange, die einen Menschen überragt. Damit wird dargestellt, daß dieser Mensch erleuchtet ist und übernatürliche Kräfte besitzt. Diese Schlangenkraft, die auch Kundalini genannt wird, erzeugt sich selbst immerfort. Mit anderen Worten, wenn eine Frau ihr Lustempfinden beschneidet, beschneidet sie ihre Libido, ihre Lebensfreude und ihre Lebenskraft. Darunter leiden dann auch ihre Gesundheit und ihr Aussehen.»

Susen steht auf und nimmt uns mit zum Erkerzimmer des Hotels, das einen schönen Ausblick auf den eben rosa aufglühenden Mount Everest und den K 2 besitzt.

«Die Befreiung der Frau», sagt sie, «ist auch die Befreiung ihrer Lust, eine befreite Lust ist aber niemals

Erfüllungsgehilfin dumpfer Männerbegierden. Das ist der schwer zu durchbrechende Teufelskreis.»

Susen wirkt plötzlich wie die geheimnisvolle Sir Galahad, eine engagierte Frau im Berlin der zwanziger Jahre, deren Romane für die wirkliche Emanzipation der Frau mehr erreicht haben als alle Petitionen beim Parlament.

«Es sollte an den Universitäten einen Lehrstuhl für die Lehre von der Weiblichkeit geben», sage ich und lache innerlich bei dem Gedanken an die Kontroversen zwischen den Verantwortlichen, die eine geeignete Frau als Dozentin des Shaktismus berufen müßten.

«Das ist an euch Männern immer so erfrischend, dieser Witz», sagt Susen. «Frauen sind so abgrundtief materialistisch, daß sie den Blick auf ihre Lust als Lebensziel verlieren und in einem trüben Realismus des Schmerzes versinken. Eine Frau kann sich entscheiden, ob sie Lust oder Schmerz sein will. Ich habe mich entschieden, jeden Schmerz zu transsubstantiieren und jegliche Handlung zu reiner, glühender Lust werden zu lassen.»

Ich sage lange nichts. Doch plötzlich geschieht etwas mit mir, das ich nicht verstehe. Ich beginne, am ganzen Körper zu zittern und schnell zu atmen, genau wie Susen, die mir gegenübersteht und meine kribbelnden Hände hält.

«Atme weiter so, ganz leicht, und laß die Energie in dir strömen», sagt sie. Ich befolge ihre Anweisung. Mir wird etwas schwindelig, aber ihr Händedruck genügt, mich zu halten.

«Erzeuge diese Vibrationen täglich. Sie wecken die Zelltätigkeit und reinigen dich von Stoffwechselabfällen, aber auch von alten Gedanken und Gefühlen», sagt sie.

«Die Übung ist auch als Feueratem bekannt», ergänzt Lotte, die ebenfalls dasteht und atmet. «Das wichtige dabei ist, daß du deine Lustempfindungen befreist und fließen läßt und entlang der Wirbelsäule nach oben in den Kopf ziehst. Verschließe im Hals den Abfluß nach unten und leite immer weiter Energien von unten nach oben und entlasse sie schlußendlich durch den Scheitel in den Kosmos.»

Ich empfinde Angst, im weiten Kosmos verlorenzugehen, und mir fällt eine Sutra der Sakajas ein: *Einer, der das weite Weltall durchdringt, wird von keinem erkannt, es sei denn, er weiß um die Entfaltung der Liebe.*

«Es ist Zeit, zum Vajra zu gehen», sagt Susen. «Die Damen erwarten uns schon.»

«Kann ich mitkommen?» frage ich.

«Wir versuchen es mal, obwohl es ein reiner Frauenkreis ist.»

Ich bin gespannt auf den Club der ewigen Jungfrauen.

VI

«Vergeßt alles, was Männer euch über weibliche Lust gesagt haben, es beruht in der Regel auf Eigennutz. Ihr braucht euch nicht länger dem Diktat des Penis zu unterwerfen. Der Schlüssel zu eurer Lust ist Lust, aber nicht die Lust des Mannes, sondern eure eigene. Wenn ihr von einem einzelnen Mann erwartet, daß er euch alle Lust verschafft, wird eine triste Ehe euer Schicksal sein.

Das Weib ist schön. Auch ihr seid schön, doch eure Schönheit ist noch versteckt unter eurer Mutlosigkeit. Eure größte Gefahr ist die Habgier. Verzichtet darauf, einen Mann besitzen zu wollen. Auch der Besitz an Dingen ist kein Ersatz für Lust. Ihr habt nicht den Mut zu etwas Größerem. Wenn ihr mehr Männer oder mehr Lust zulaßt, müßt ihr euren Anspruch, einen Mann zu besitzen, aufgeben. Davor habt ihr Angst.

Männer haben euch seit Jahrtausenden eingeredet, daß sie für euch lebensnotwendig seien. Wenn ihr ihnen glaubt, beherrschen sie euch, und eure Lust schwindet auf ein kümmerliches Maß.

Ihr müßt die Verantwortung für euer Leben und eure Lust selber in die Hand nehmen und ein soziales Netz verschiedenster Beziehungen knüpfen, auf das ihr euch verlassen könnt. Dies gibt auch den freiheitsliebenden Männern die Möglichkeit, von euch gehen zu können, ohne daß ihr Angst bekommen müßt um eure Existenz.

Wenn ihr lustvoll seid, könnt ihr einen oder zwei oder drei Männer an eurer Lust teilhaben lassen. Dann ergänzt die männliche Lust mit ihrem Witz und Spieltrieb und rasantem Tempo eure Ernsthaftigkeit und gibt euch Leichtigkeit und Esprit. Deshalb müßt ihr euch einen Raum schaffen, in dem ihr Königin und Herrin seid. In dem ihr bestimmt, wann wer mit wem was macht und wie lange.

Wenn ihr ewige Jugend wollt, müßt ihr bedenken, daß ihr dann auch ewiges Lustverlangen haben werdet. Ihr werdet begehrt oder gehaßt werden wegen eurer fortdauernden Schönheit und bekämpft wegen eurer Unabhängigkeit.

Ihr müßt eure Lust täglich wecken. Sie ist wie ein Quell, der versiegt, wenn ihr nicht daraus trinkt. Wartet dafür nicht auf einen bestimmten Mann. Männer sind sowieso nicht die besten Partner für die Pflege eurer Lust. Darauf versteht sich eine Frau, eine Freundin oft besser und gefühlvoller als ein Mann.

Wenn ihr lustvoll seid und die Säfte euch verjüngen, aber kein geeigneter Mann da ist, der eure Lust braucht, dann denkt nicht, wohin ihr damit sollt. Nicht irgendein Mann braucht eure Lust, ihr selber braucht sie.

Ihr müßt Lust am Leben haben, Lust am Genuß, am Spaß und an den Sinneswahrnehmungen. Das regeneriert euren Körper ständig. Benutzt dazu keine Surrogate wie Alkohol, Drogen, Tabak oder Geld. Nur die Lust, die ihr in eurem Körper selber erzeugt, erzeugt das Amrita des ewigen Lebens. Mit den Übungen zelebriert ihr jeden Morgen dieses Wissen in euren Körpern.»

Es entsteht eine lange Pause nach dieser Rede, die Susen vor etwa zwanzig Frauen in dem schönen Meditationsraum hielt. Sie haben meine Anwesenheit ganz vergessen, so sehr sind sie von Susen gefangen. Eine Amerikanerin liest ihr jedes Wort von den Lippen ab und nickt bei wichtigen Stellen bestätigend. Susen steht in der Mitte des Raumes, barfuß und nur mit einem gelbgemusterten Tuch bekleidet, das sie wie eine Inderin um ihren Körper geschlungen hat. Wie eine Königin läßt sie den Blick über ihre Schülerinnen schweifen.

«In meiner kleinen Heimatstadt in Arkansas könnte ich das nicht tun», sagt die Amerikanerin und betrachtet ihre grell bemalten Fußnägel.

«Weshalb nicht?» fragt Susen und schaut zu ihr hin.

«Mein Ruf wäre ruiniert.»

«Der Ruf hat noch keiner Frau Lust verschafft. Warum lebst du noch in dieser Kleinstadt, geh in die Welt, sie ist groß genug für dich und deine Lust.»

«Meine Kinder würden das nicht akzeptieren.»

«Wie alt sind deine Kinder?»

«Ach, die Jüngste ist achtzehn, sie macht gerade ihren Schulabschluß.»

«Frauen sollten Kinder niemals als Ersatz für das eigene ungenutzte Leben betrachten. Das verkehrt sich ins Gegen-

teil, denn sie werden Sklaven der Kinder. Nehmt euch andere Kulturen zum Beispiel, in denen Mädchen mit der ersten
Mens reif fürs Leben sind. Warum kettet ihr euch noch an
sie? Falls ihr sie so lebensuntauglich erzogen habt, daß sie
euch braucht wie eine Glucke, seid ihr selber schuld und
müßt jetzt die Suppe auslöffeln. Aber das ist eine Strafe für
beide Seiten und kein Gewinn. Ihr erzieht eure Töchter zum
häßlichen Abbild eures eigenen unfreien Daseins.»

Die tiefen Glocken von Swayambunath, dem Affentem-
pel, klingen herüber. Nur eine makellose Frau wie Susen
kann so eine Strafpredigt halten. Sie setzt sich mitten unter
die Frauen, die zu singen anfangen. Lotte nimmt eine
Tampura, ein indisches Saiteninstrument, und zupft tiefklin-
gende Akkorde dazu.

Ein Gefühl der Befangenheit überkommt mich. Wie oft
haben Männer in ihren Frauen nur die Ersatzmütter gesucht
und alles unternommen, um die Entfaltung der weiblichen
Lust zu unterdrücken. Sie boten Geld, Sicherheit, Schmuck
und Lobhudeleien, um eine willfährige Frau zu bekommen,
die sie ganz nach eigenem Gutdünken beschlafen und benutzen konnten.

VII

«Susen, ich bewundere deine kompromißlose Direktheit, mit der du zu den Frauen sprichst.» Wir sitzen in der Hotelbar des Vajra und trinken frisches Zitronenwasser.

Susen nickt. «Wozu Zeit verschwenden? Die meisten der Frauen haben ihre erste Schönheitsoperation schon hinter sich, mit Busenlifting, Faltenstraffen und Flecken abhobeln. Worauf sollen sie noch warten?» Susen sieht streitbar und entschlossen aus, was ihr eine besondere Schönheit verleiht. Sie erinnert mich an eine der kriegerischen Figuren mit Pfeil und Bogen, die am Tempelfries in Khajuraho abgebildet sind.

«Das tiefere Problem ist nicht, daß die Frauen unmotiviert wären, sondern daß sie enttäuscht sind.»

«Wovon sind sie enttäuscht, vom Leben?» frage ich.

«Nein, von der Lust oder der Liebe oder den Männern, wie immer man es sehen möchte. Die Mehrheit der Frauen flüchtet sich in Familienangelegenheiten, in eine diffuse Pflichterfüllung als treusorgende Ehefrau und Mutter. Oft muß der Ehemann erst sterben, damit sie einen zweiten Frühling erleben können.»

«Bleibst du diesen Frauen am Ende nicht doch die Antwort schuldig, wenn sie fragen, mit wem sie mehr Lust verwirklichen können?»

«Nein, denn es sind die Frauen, die Kinder gebären und erziehen. Sie haben es in der Hand, nicht länger Männer heranzuziehen, unter denen sie ein lebenslanges Martyrium erleiden.»

Ich nicke zustimmend. «Das heißt, Frauen, macht euch andere Söhne!»

Susen lacht und fächert sich mit einem Palmblattwedel Luft zu. Sie erregt Aufsehen in der Hotelhalle, besonders bei Frauen, deren Blicke Bewunderung verraten. Sie sehen in Susen wohl eine Frau, die gegen das Schicksal aufbegehrt, ohne dafür bestraft zu werden.

«Entschuldige», sagt Susen plötzlich und steht auf. Sie geht auf einen jungen Mann zu, der in Begleitung zweier Männer die Bar betreten hat. Sie umarmt ihn und küßt auch die beiden anderen. Sie scheinen sich alle zu kennen. Susen deutet zu mir herüber. Ich kann nicht hören, was sie sagt, aber die Männer verneinen und verabschieden sich wieder. Susen kommt zu mir zurück. Sicher wird sie sich jetzt verabschieden, denke ich und bin etwas enttäuscht.

«Hast du nicht Lust, mit diesen jungen Männern und mir zusammen in die Hotelsauna zu gehen?»

Ich bin perplex.

«Wir können uns dort genausogut unterhalten wie an der Bar», sagt sie, und ich nicke erfreut.

Die drei Männer sind die einzigen Gäste in der holzverkleideten Sauna, als wir dort ankommen. Sie sind nicht genierlich, sie witzeln herum, fassen sich an und machen Aufgüsse, ohne ihre Nacktheit zu beachten. Sie lassen sich auch durch meine Anwesenheit nicht irritieren, obwohl wir uns gegenseitig anschauen. Sie sind Nepalesen.

«Dies sind zwei Brüder. Und der andere ist ihr Freund», sagt sie und deutet auf den muskulös Gebauten mit einem schön ausgebildeten Körper. «Und mein Liebhaber», ergänzt sie und fährt ihm durch seine langen, lockigen Haare, die ihm bis auf die Taille reichen.

Ich fühle mich wohl in der lockeren Atmosphäre, Schulter an Schulter mit den Männern. Susen bürstet sich die Beine von unten nach oben.

«Es sind zumeist ältere Frauen, die in deine Seminare kommen, nicht wahr?» frage ich sie.

Susen nickt. «Ja, leider. Die jungen fürchten die Kritik ihrer Mütter und die Strafe ihrer Väter.»

«Mit wem sollen diese Frauen Lust erfahren? Die meisten haben nicht das Glück, gleich drei junge Männer zum Freund zu haben wie du.»

«Du argumentierst wie eine Frau.»

«Oder wie Klientinnen, die zu mir ins Therapiezentrum kommen», sage ich entschuldigend.

«Die Frauen müssen bei sich selber anfangen und zusammen mit anderen Frauen lernen. Das macht ihnen zwar Angst, führt aber zu besseren Ergebnissen, als wenn sie es mit egoistischen Männern versuchen und nach dem vorprogrammierten Scheitern frustriert zum althergebrachten Verzichtsspiel zurückkehren.»

«Müßte man denn nicht erst die Männer dazu bringen, anders zu sein?»

«Die Männer sind so, weil sie von den Müttern so erzogen wurden. Natürlich können Männer auch anders, nur sind sie dann nicht mehr nur Objekt der Frauen, sondern vielleicht bisexuell oder schwul oder Liebhaber, die mit mehr als nur einer Frau Sex und Liebe haben wollen. Nein, nein, zuerst müssen die Frauen die Erziehung ihrer Söhne ändern, dann wird es Verwendung für andere Männer geben.»

«Haben Frauen denn überhaupt Lust auf Lust?» frage ich.

«Es ist ihnen nicht erlaubt, sie zu haben. Aber wer hat schließlich Adam den Apfel gereicht? Zwei Jahrtausende Verdammung der Leibeslust lastet auf den gequälten Frauen. Es ist nicht leicht, dieses Korsett abzuwerfen, denn noch heute droht der befreiten Frau der rachsüchtige Spott verunsicherter Männer und zu kurz gekommener Frauen.»

Susen legt sich auf die Bank neben die Männer und läßt sich Rücken und Beine von sechs Händen massieren.

«Jede durchschnittliche Frau hätte an deiner Stelle Angst, danach drei Männer befriedigen zu müssen», sage ich, während ich die gelenkigen Arme und Muskeln der Männer, ihr schmales Becken und ihr schön proportioniertes Geschlecht bewundere.

Susen lacht unter den Griffen und meinen Worten auf. «Ja, in der Tat, das sind die Ängste der Frauen. Doch meine

Männer befriedigen sich nicht an mir; wir machen viel Sex zusammen, aber zu meiner Lust und immer nur soviel, wie ich erleben möchte. Was die Männer sonst noch machen, ist ihre Sache, wobei ich zuweilen gerne zusehe, wie man eben übermütige Hunde betrachtet und sich an ihrem Lebensüberschwang erfreut.»

«Gibst du auch woanders Kurse in ewiger Jugend?»

Susen schüttelt die Hand unter den Händen der Masseure.

«Nein, mein Kreis hier genügt mir, und Mutter ist auch noch da mit ihren Bedürfnissen und Aktivitäten. Nächsten Monat will sie unbedingt nach Mustang reisen, einer geschlossenen Region Nepals, wo noch heute Frauen mehrere Männer heiraten.»

Wir müssen eine Pause machen. Ich bin fast ohnmächtig, der Schweiß rinnt mir überall herunter. Unter der kalten Dusche reiben mich die Männer mit bloßen Händen kräftig ab. Es fühlt sich gut an, so gedrückt zu werden. Danach fahren wir mit dem Fahrstuhl auf das Dach des Hotels, nur ein Handtuch um die Hüften, und lassen uns vom Himalayawind abkühlen.

VIII

«Ach, hier steckt ihr junges Gemüse.» Lottes vogelhafte Stimme quarrt über die Dachterrasse. «Wir nehmen ein Sonnenbad», sage ich und deute auf das atemberaubende Panorama. «Ist schon beeindruckender als der Schwarzwaldhöhenweg», sagt Lotte und zeigt nach Westen hinter den K 2. «Dort liegt Mustang, ein kleines, abgeschlossenes Königreich, das mein nächstes Ziel ist.»

«Wir wollten uns zusammen deine Sammlung anschauen», erinnere ich sie an unsere Abmachung.

«Ja, richtig, komm doch jetzt mit in mein Atelier im Hotel Yak.»

Wir nehmen ein Taxi, einen alten Mercedes-Benz, der seine besten Tage wohl 1928 in Indien erlebt hatte und bis heute immer wieder liebevoll restauriert wurde. Das Taxameter dient nur zur Zierde; der Fahrer taxiert den Preis nach unserer Garderobe. Lotte gibt ihm ein Drittel des verlangten Betrages und steigt energisch aus. Der Fahrer beschwört Polizei und Götter, aber Lotte bleibt hart. Als letztes Argument zückt sie eine Zigarette als Trinkgeld, und damit scheint der Handel befriedigend beendet zu sein.

«Zu diesem Zweck kaufe ich auf jedem Flug die erlaubte Menge Filterzigaretten und Whisky. Sie sind oft billigere Zahlungsmittel als Geld», sagt sie.

Im Yak betreten wir einen schmalen Souterrainraum mit Blick auf den Park voller Heckenrosen. Mitten im Raum steht ein imponierendes Holzgebilde mit einer Grundfläche von etwa 2 x 3 Meter. Es ist ein Modellbau des kleinen Tempels am Bagmati, an dem ich Susen das erstemal traf.

Lotte steht still an der Tür, während ich die minutiöse Nachbildung betrachte mit ihren filigran gearbeiteten Schnitzereien und Skulpturen, dem gepflasterten Weg zum Fluß, den Aschehäufchen der Verbrennungsstätten und dem badenden Vishnu.

«Vollkommen», sage ich bewundernd.

Lotte kommt näher, und wir gehen um das Modell herum. An den Wänden des kleinen Ateliers hängen fotografische Reproduktionen der Wandbilder des Tempels, in kleinen Vitrinen liegen Scherben und Kultgegenstände.

«Es war ein Frauentempel, es gab Toiletten für Frauen, aber nicht für Männer.»

«Worin unterscheiden sie sich?» frage ich erstaunt.

«Nun», doziert Lotte, «die besten Fundgruben sind die Latrinen. Ich fand, daß die hier übliche Art des Männerpissoirs an der Außenmauer eines Gebäudes fehlt.»

«Noch heute pissen die Männer am Durbarsquare an die Palastmauern ihres Königs», sage ich.

Lotte nickt.

«Der Tempel hat vier Seiten, an denen vier Grundthemen im Leben einer Frau dargestellt sind, die Geburt, die Liebe, die Kunst und der Tod. Wandmalereien im Innern führen diese Themen noch weiter aus. Sie waren übermalt worden, vielleicht von Hindus. Ich habe die Übermalungen mit einem selbergemixten Lösungsmittel vorsichtig abgewaschen, und zutage kam eine fortlaufende Bildergeschichte wie in einem Comicheft für Kinder.

Die Tempelseite mit dem Thema Geburt zeigt nicht, wie oft angenommen wird, die Geburt Buddhas. Dafür sind zu viele Frauen, verschiedene Körperstellungen und vor allem gynäkologische Handgriffe zu sehen. Gezeigt werden unter anderem die Geburt in der Hocke, aber auch bereits ein löffelähnliches Instrument zur Geburtshilfe und ein Dammschnitt. Die Schutzgöttin der Geburt ist Durga, die als zentrale Figur über den technischen Abbildungen steht.

Die Tempelseite der Liebe gibt, wie das Kamasutra, praktische Anleitungen für eine befriedigende Lust. Sie zeigt die im Tantra bekannten Varianten der Lust in Gruppen, mit dem gleichen Geschlecht und mit Schoßhunden und anderen Tieren. Sie gibt deutliche Hinweise auf Geburtenkontrolle und die sexuelle Vereinigung während der Menstruation und beschreibt den weiblichen Zyklus anhand eines Götterkalenders, der reichen Kindersegen an den Tagen des Eisprunges anzeigt. Diese Tempelseite ist Shiva und Shakti gewidmet.

Es wird auch die Erregung der Lust mit Hilfsmitteln wie Dildos aus Steinen unterrichtet. Hier in der Vitrine ist ein Bergkristallvajra in Lingamform zum Einführen, dort ein gläserner Doppellingam, der halb mit Quecksilber gefüllt war. Mit seiner Hilfe konnten sich zwei Frauen vereinigen und durch die Bewegung des Quecksilbers große Lust erfahren.

Die der weiblichen Erregung förderlichen Vereinigungsstellungen herrschen vor. Dargestellt ist auch das gemeinsame Bad mit vielen Frauen als Gespielinnen, die ihre Körper aneinander reiben und einen verzückten und ekstatischen Gesichtsausdruck haben.

Dann folgt die Tempelseite der Kunst. Sie ist Sarasvati gewidmet und zeigt Künste wie Lesen, Schreiben, Singen, Weben, Applizieren, Flechten, Malen, Stoffbedrucken, Färben, Papiermachen, Schminken und Yoga. Hier tauchen auch die fünf Körperstellungen auf, die wir jeden Morgen machen. Ihre Namen sind: Bambus, Elefant, Gebärende, Pflug und Kopfstand. Im Inneren des Tempels sind die aufsteigende Schlange und der fächelnde Atem abgebildet.

Und dann kommen wir schließlich zur Tempelseite des Todes, die Kali geweiht ist. Auf dem zentralen Bild sieht man eine Elefantenhaut, durch die der Mensch in ein neues Leben eintritt. Das Alter, das als gebeugte kranke Gestalt am Stock gezeigt wird, wird überwunden durch das tägliche Bad im heiligen Fluß, durch den Trank des Amrita und durch den Ritt auf dem schwarzen Eber. Dies sind die symbolhaften Bilder für das kalte Bad, das Erwecken der Lebensenergie und die sexuelle Vereinigung. Die Darstellungen der Todesstationen ähneln denen des tibetischen Totenbuches.

Vor dem Eingang des Tempels liegt ein Stier mit dicken Hoden als Symbol männlicher Fruchtbarkeit, innen liegt eine geöffnete Yoni als Symbol des weiblichen Schoßes, aus der eine zeremonielle Flüssigkeit nach draußen fließen kann, wie es in den Tantratempeln allgemein üblich ist.

Noch heute wird im traditionellen Haus der Kumari am Durbarsquare ein junges Mädchen als lebende Göttin verehrt. Dieser Brauch scheint mir mit dem Frauentempel in Zusammenhang zu stehen.

Am interessantesten aber finde ich, daß der Tod als ein Trieb angesehen wird, also in eine Reihe mit dem Sexualtrieb und dem Fortpflanzungstrieb gestellt wird. Ich bin eine alte Freudianerin, ich kannte Freud persönlich, weißt du, und das mit dem Thanatos hat ihm doch keiner geglaubt. Alles haben sie schließlich zähneknirschend geschluckt, aber nicht, daß der Tod nur eine Triebreaktion sei. Obwohl viele zellbiologische Erkenntnisse darauf hinzuweisen scheinen, daß die Lebensspanne jedes einzelnen festgelegt ist, ist die tatsächliche Lebensdauer Resultat seiner Überzeugung. Es stirbt ja auch einer, der sich nur ordentlich einbildet, daß jetzt sein Ende gekommen sei. Wer viel an Tod denkt, wird Tod bewirken, wer viel an Frust denkt, wird Frustration bewirken, wer an Lust denkt, wird Lust erlangen. Diese Samenkörner aus Wünschen schlagen alle im Körper Wurzeln und bringen ihre Früchte hervor.

Die Schwester deines Großpapas verschwand um die Jahrhundertwende plötzlich nach Amerika und ließ Kinder,

Mann und Verwandte zurück. Sie führte dort ein wildes Leben und begleitete für einige Jahre einen Gesundprediger namens Prentice Mulford. Erst 1918 meldete sie sich mit einem langen Brief an deinen Großvater, in dem sie die Thesen Prentice Mulfords über den Unfug des Sterbens wiedergab.»

Ich entsinne mich des silbernen Indianerlöffels, der noch heute in meinem Haushalt die Zuckerdose ziert. Er trägt die Gravur: Tante Martha aus Amerika, 1918.

«Sir Galahad, die Frauenforscherin der zwanziger Jahre, hat das Werk Mulfords übersetzt», sage ich zu Lotte.

«Ach, die Berta Diener», sagt Lotte verächtlich. «Sie traute sich aber nicht, das zu leben, was sie inkognito erforschte.»

Lotte deutet auf die Stirnwand ihres Ateliers, an der steht: Die Unendlichkeit ist relativ, Unsterblichkeit ist relativiert durch materielle Bindung. Je stärker deine Bindung an die Materie ist, desto kürzer wird deine Lebensdauer sein, desto schneller wird dein Lebensimpuls vom Beharrungsvermögen der Masse abgebremst und verbraucht werden. Am Ende steht dann der Tod und die unvermeidliche Transformation in ein neues Leben.

«Die Essenz der Tantralehren aus dem Tempel liegt nicht in der Aufhebung des Todes, sondern in der Förderung von Lebensqualität und einer persönlichen Evolution, an deren Ende Erleuchtung und Erkenntnis stehen. Sie bedeuten ein Lösen der Bindung an Materie, Strukturen und Ideen. Eine

Frau muß lernen, nicht nur an Besitz und Ansehen zu denken, sie muß lernen, sich zur rechten Zeit von ihren Kindern zu trennen, denn Kinder verstricken sie tief in das materielle Leben, viel tiefer, als dies bei Männern der Fall ist.

Männer waren entwicklungsgeschichtlich häufig unstete Jäger, Frauen dagegen häusliche Sammlerinnen. Die zentrifugale und zentripetale Ausrichtung drückt sich ganz im Verhältnis von Mann und Frau aus. Sie sucht Kontinuität und er Freiheit, also Diskontinuität. Dies verunsichert die Frau und läßt sie häufig die falsche Konsequenz ziehen. Sie paßt sich dem Mann an und verschließt gleichzeitig ihren Lebensborn. Dieser Brunnen ist für die Frau ihr Schoß. Mann und Frau müssen an der Lust des Schoßes und der Kraft des Samens genesen, die zusammengenommen Amrita bilden, den verjüngenden Saft, den die Götter trinken.»

Lotte muß tief Luft holen. Sie setzt sich auf einen einfachen Holzstuhl und blickt aus dem Fenster. Ich bin überwältigt von der Schlüssigkeit der Erkenntnisse, die Lotte alleine aus diesem Tempelchen gezogen hat.

«Wäre dein Großvater nicht so ein Draufgänger gewesen und immer so drängend, immer unzufrieden mit mir, ich hätte mich nie zu der Reise ans Ende der Welt aufgemacht. Und», fährt Lotte fort, » er war sich zu nichts zu schade. Er hatte gar keinen Dünkel. Diese Lektion war für mich schwer zu lernen, weil die Welt meiner schüchternen Mutter ganz von der Dünkelhaftigkeit kleiner Leute geprägt war. Als ich der Wandervogelbewegung beitrat, nahm sie Schlaftabletten und hätte sich beinahe damit umgebracht, weil sie die Schande nicht ertrug.»

«Wurde die Lehre aus diesem Tempel auch woanders verbreitet?» frage ich in den Raum und betaste dabei das liebevoll geschnitzte Modell.

«Nicht in dieser für Frauen bestimmten Form. Die Yoginitempel, wie Frauentempel in Indien heißen, waren immer viel geheimer als die Tantratempel oder die Riten der Shivaiten. In Orissa gibt es noch heute die Shaktimassage, die orale Stimulierung der Yoni durch einen Masseur zur täglichen Pflege der Lust. Darüber schweigen die Frauen und der Masseur aber eisern. Die Sexualität der Frau ist bis heute ein Tabuthema.»

Wir schauen beide aus dem Fenster. Lotte, die ein ganzes Jahrhundert verkörpert, ist noch immer eine Reisende voller Entdeckungslust auf dieser Erde.

«Dieses Wissen muß verbreitet werden», sage ich zu Lotte, deren Gedanken bereits hinter den Tausendern des Himalaya weilen, bei den Frauen in Mustang.

«Ja, ja», sagt sie geistesabwesend, «macht zu, macht zu, bevor die Entdeckungen wieder vergessen werden. Es war alles schon bekannt und wurde wieder vergessen. Dieses Trübewerden ist das Übel der Menschen. In unserem Körper ist das Wissen der Götter, wir müssen uns nur daran erinnern!»

Ich verabschiede mich von Lotte, die in ihrem Stuhl sitzen bleibt. Ich nehme mir vor, die von ihr wiederentdeckten

Lehren allen Frauen zugänglich zu machen und so auch die Arbeit meines Großvaters zu dem von ihm erstrebten Ende zu führen.

IX

Einen Tag vor meiner Abreise erreicht mich noch ein Brief Lottes. Frau Sentner, die schweizerische Geschäftsführerin des Hotels Dwarika, überreicht ihn mir persönlich.

Lieber Andro,

eines vergaß ich dir noch zu sagen. Ich bin jetzt auf dem Lomosom-Trek, viereinhalbtausend Meter hoch, und treffe hier zufällig Frau Sentner auf ihrer Rückreise nach Katmandu, der ich diesen Brief mitgeben kann. Ich weiß nicht, wie wichtig diese eine Sache ist, die unbedeutend erscheinen mag, und doch haben sich in meinem langen Leben Hinweise angesammelt, die mich veranlassen, dir noch zu sagen: Du mußt mindestens einmal in sieben Jahren im Fluß des Lebens baden.

In Indien badet jeder Gläubige mindestens einmal im Leben im heiligen Fluß Ganges. Das Gangeswasser wird auch als Medizin getrunken. Ich hoffe, demnächst, auf meiner letzten Reise, noch im gelben Fluß Brahmaputra zu baden. Diese Flüsse bringen Erde von den hohen Gebirgsketten mit sich, in die der Körper für Stunden eintauchen muß. Der Großvater hat uns in den Schwemmlöß des Oberrheins gesteckt, und in Norditalien nehmen die

Einheimischen Erdbäder. Bei Erdbädern ist zu beachten, daß der Körper sehr auskühlen kann. Nehme sie also in heißen Ländern oder wärme die feuchtgemachte Erde an. Du brauchst Hilfe, um aus dem Erdbad wieder herauszukommen.

Bis bald oder in einem anderen Leben,

deine Lotte.

Die fünf Tantrika

Die fünf Körperübungen der Tantrika

aus dem Yoginitempel, die dich jung erhalten und

deine Lebenskraft immer wieder wecken werden.

Vorbemerkungen

Die fünf Tantrika sind fünf Körperstellungen, die in Verbindung mit Kontraktionen der Beckenbodenmuskulatur, Atmung und Intonation bestimmter Silben ein einfaches und gleichzeitig sehr wirksames Übungsprogramm ergeben. Eingeleitet wird es durch Shivas Bad und abgeschlossen durch das Singen eines Mantras. Zwischen den einzelnen Stellungen liegt eine Ruhephase mit einer Visualisierungsübung.

Jede Stellung wird für die Dauer von 108 Ein- und Ausatmungen gehalten. Das kann anfangs zu lang für dich sein, wenn du im Yoga ungeübt bist. Erleichtere dir dann die Übung, indem du sie mit weniger Dehnung ausführst oder eine Pause einlegst. Reicht auch das nicht, dann beginne die ersten vier Wochen mit 36 Atmungen und steigere dich innerhalb von zwölf Wochen auf 108 Atmungen pro Stellung. Besonders den Kopfstand mache nur so lange, wie du es ohne Schmerzen erträgst.

Die beste Zeit zum Üben ist bei Sonnenaufgang. Habe davor keine Gespräche oder Beschäftigungen, die dich belasten. Trinke ein Glas Wasser, putze dir die Zähne und säubere dir die Zunge (Belag abschaben). Gehe nur zum Wasserlassen zur Toilette, da in der Regel der Dickdarm so früh noch nicht arbeitet. Achte darauf, daß du beim Üben nicht durch Zugluft unterkühlt wirst. Benutze als Unterlage eine Strohmatte aus Rohrgeflecht oder Wolldecken. Zünde eine Kerze und Räucherwerk an, falls du in einem Raum bist. Übe täglich, gestatte dir aber ab und zu auch Tage, an denen du nicht übst.

Shivas Bad

Shivas Bad wird sofort nach dem Aufstehen genommen, wenn du noch warm vom Bett bist. Gibt es einen Fluß oder einen See in deiner Nähe, dann steige in diese, wenn nicht, dann benutze eine Badewanne, in die du mit deinem ganzen Körper eintauchen kannst.

Fülle am Abend die Wanne zur Hälfte mit kaltem Wasser. Setze dich am nächsten Morgen hinein, mache deinen Bauch naß, ebenso das Gesicht, und dann tauche mit deinem ganzen Körper kurz unter. Stehe auf, gehe aus dem Wasser und reibe dich mit den bloßen Händen trocken.

Bist du gerade krank oder fürchtest eine Erkältung, dann mache deine Füße sofort wieder warm, indem du sie für zwei oder drei Minuten in ein warmes, flaches Fußbad steckst oder dicke Socken anziehst.

Eine Dusche eignet sich nicht für Shivas Bad. Wenn du aber keine andere Möglichkeit hast, dann entferne am besten den Brausekopf und lasse den Wasserstrahl zunächst auf Füße, Beine und Bauch fallen, dann über deinen ganzen Körper. Statt einer Dusche kannst du auch Wassereimer benutzen.

Hast du taufeuchtes Gras vor dir, laufe eine Runde, bis dein nackter Körper dampft. Fahre danach mit den fünf Tantrikaübungen fort und bleibe weiterhin nackt, außer es ist zu kühl.

Visualisierung

In den Ruhephasen zwischen den Übungen, wenn deine Energie fließt, mache folgende Visualisierungsübung. Visualisieren hat weniger mit dem Auge zu tun als mit dem Gefühl, denn damit nehmen wir auch Dinge wahr, die unserem physischem Auge (noch) nicht zugänglich sind. Mit Hilfe der Vorstellungskraft können wir das Gefühlte aber in ein Bild verwandeln, das wir tatsächlich sehen.

Visualisieren beginnt im Bauch. Laß deine Energie aus dem Nabelzentrum nach draußen zu einem Punkt fließen, der sich einige Meter vor dir befindet. Wähle ihn auf der Höhe deines dritten Auges; es spielt aber keine Rolle, ob er sich in der Luft befindet, auf einer Wand, einem Gegenstand etc. Laß an diesem Punkt mit Hilfe deiner Vorstellungskraft das Bild einer Göttin entstehen. Stelle sie dir so erhaben und schön vor, daß du dich wie verlegen vor ihrer Erscheinung verbeugen mußt. Richte deine Augen auf diesen Punkt; halte sie dabei ungenau fokussiert oder etwas schielend. Wandere mit dem Blick nicht ab und denke nicht über das Gesehene nach

Ist dein Bild von der Göttin stabil, stelle dir eine silberne Verbindung, wie einen Arm oder eine Nabelschnur, zwischen der Göttin und dem Inneren deines Uterus vor. Sauge hierdurch ihre Qualitäten tief in dich auf. Halte während der Visualisierungsübung stets dein Herzgefühl offen für die Göttin und den Prozeß deines Aufnehmens ihrer Qualitäten.

Kontraktionen

Die Kontraktionen werden mit den Beckenbodenmuskeln während der fünf Tantrikastellungen gemacht. Sie entstehen durch das Verschließen des Anus und der Harnröhre. Setze diese Kontraktion inwendig fort und stelle dir vor, wie du die dabei entstehende Energie entlang der Wirbelsäule nach oben ziehst. Entspanne am Ende jeder Kontraktion alle Muskeln, eventuell unterstützt durch leichten Preßdruck (Expression) von innen nach außen, wie bei Wehen, der Menstruation, beim Wasserlassen oder bei der Defäkation. Der Wechsel zwischen Kontraktionen und Expressionen hält die weiblichen Organe gesund, da sie besser mit Blut und Energie versorgt werden.

Beginne im Atemtempo zu kontrahieren und halte am Ende der Kontraktion mit dem Atmen für einen Moment inne. Gegen Ende der Übung kontrahiere rascher, z.B. im Tempo deines Herzschlags.

Beachte: Die Kontraktion verschließt deine Vagina und hebt deine Gebärmutter an. Die Expression öffnet deine Vagina (und deinen Anus) und drückt deine Gebärmutter nach unten. Es kann anfangs schwer für dich sein, 108 Atemzüge lang zu kontrahieren. Mache gegebenenfalls nach der Hälfte eine kleine Pause. Lockere den Beckenboden etwas, bleibe aber in der jeweiligen Stellung. Eine Kontraktion läßt sich auch für die Dauer mehrerer Atemzüge ausführen.

Atmung

Zu Beginn jeder Stellung, wenn du sie eingenommen hast, mache den Feueratem. Dabei handelt es sich um einen stoßweisen Flatteratem durch die Nase, der zur Reinigung deines Körpers dient. Mache etwa dreißig bis vierzig Atemstöße. Betone die Ausatmung und drücke die Luft in einem Tempo aus den Nasenlöchern, wie ein Hund schnüffelt. Sollte es dir schwindlig werden, ist das nicht weiter schlimm, es vergeht rasch wieder.

Hast du den Flatteratem beendet, gehe für die Dauer der Übung in eine tiefe Atmung über, die Brust und Bauch gleichermaßen benutzt. Atme zuerst in den Bauch und dann in die Brust ein. Die Ausatmung geschieht erst durch die Brust und dann durch den Bauch. Achte auf die Gleichmäßigkeit des Luftstroms und lenke den Luftstrom beim Einatmen zunächst ins linke Nasenloch. Im weiteren Verlauf der Übung laß den Atem natürlich geschehen. Am Ende der Übung halte den Atem für einige Sekunden still.

Fließen

Durch die zuvor beschriebene Atmung und die Kontraktionen wird der Energiefluß in deinem Körper verstärkt und deutlich wahrnehmbar. Die Energie regeneriert dich und liefert Informationen, die für das Funktionieren und die Erneuerung jeder Zelle wichtig sind. Das Fließen der Energie kann so stark werden, daß es dich schüttelt oder ein feines Flimmern vor deinen Augen erzeugt, das wie das Schillern des Lichts auf den Gletschern des Himalayas wirkt.

Begib dich am Ende jeder Stellung in die angegebene Ruheposition und laß deine Energie strömen, wie und wohin sie will. Vergegenwärtige dir dabei den kosmischen Energiekreislauf, in dem du eingebettet bist: Die Energie steigt aus der Erde in dir hoch, durchströmt deine Energiefelder und verläßt deinen Körper durch den Scheitel und strebt zum ewig Ganzen, um anschließend, vom höheren Bewußtsein transformiert, wieder auf dich herabzuregnen. Manche Menschen sehen diesen Vorgang als schillernden Regen oder fühlen ihn als einen feinen elektrischen Schauer.

Meditiere über das Bild eines Flusses. Nichts hat Bestand, alles fließt. Du kannst nicht ein zweites Mal in den gleichen Fluß steigen. Du mußt den Fluß nicht antreiben zu fließen; werde statt dessen selber zum Fluß und genieße das Fließen als lebendigen Ausdruck des Lebens.

Intonation

Zu jeder Übung werden bestimmte Silben intoniert. Die Töne sollen so laut sein, daß sie eine andere Person im Abstand von neun Metern noch gut hören kann. Die Tonhöhe ist für jede Silbe angegeben. Die Schreibweise der Silben ist je nach Quelle verschieden und kann die tatsächliche Aussprache nur ungefähr wiedergeben. So bleiben z.B. bei dem M in dem klassischen *om* die Lippen leicht geöffnet. Statt dessen wird der Gaumen verschlossen; der Ton kann immer noch nach draußen schwingen.

Fingerstellungen

Diese Fingerstellungen sind für den im folgenden beschriebenen Abschlußgesang:

Zu Beginn lege Handfläche an Handfläche, wie bei der in Indien üblichen Begrüßungsgeste. Beim Singen krümme Ring- und kleinen Finger und halte Daumen, Zeige- und Mittelfinger ausgestreckt wie beim Schwur, oder bringe die Spitze des gestreckten Daumens mit der Spitze des gebogenen Zeigefingers zusammen und halte die anderen Finger gestreckt. Du kannst aber auch die Hände offen und die Finger ausgestreckt halten.

Abschlußgesang

Am Ende der fünf Tantrikaübungen setze dich mit untergeschlagenen Beinen auf die Fersen. Danach lege die Handflächen vor der Brust aneinander. Danach mache eine der Fingerstellungen (wie zuvor beschrieben) und strecke beim Singen des Mantra die Arme schräg nach oben. Nachdem du das
Mantra gesungen hast, neige den Oberkörper nach vorne, bis
er auf dem Boden zu liegen kommt. Deine Arme lasse seitlich
neben dir ruhen. Bleibe so ganz ausgeatmet liegen, bis du wieder einatmen mußt. Richte dich zum Einatmen wieder auf.
Das Mantra wird insgesamt neunmal gesungen. Zum Abschluß bleibe sitzen, lasse die Energie strömen und halte die
Visualisierung aufrecht, solange du magst.

Das Abschlußmantra lautet: Om aham asmi, shakti rupena samshita namastayai; namastayai namastayai namo
namaha.

Die Übersetzung lautet sinngemäß:

Om, das bin ich in der Form der göttlichen Kraft, in der
Form der Erschaffung, Verehrung ihr, Verehrung ihr,
Verehrung ihr, Verehrung, Verehrung.

Die Melodie geht so:

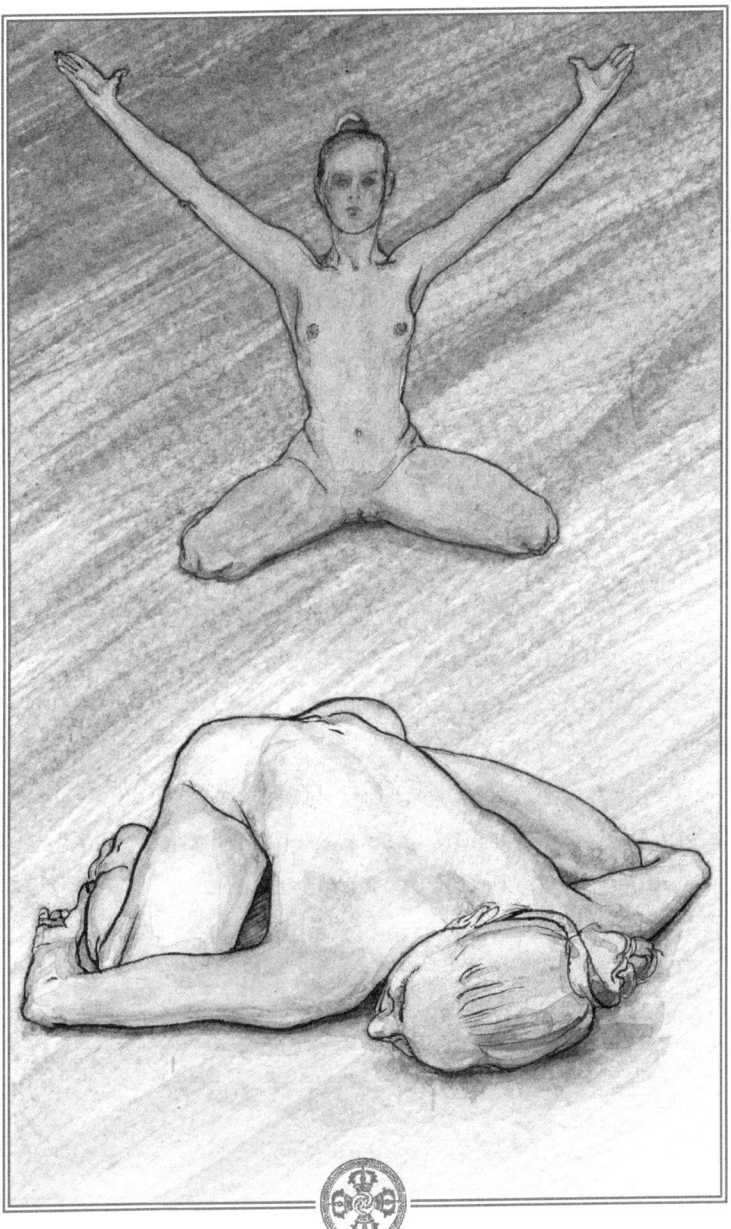

1. Der große Bambus

Diese Stellung hilft dir, deinen Rücken beweglich und flexibel zu erhalten. Sie unterstützt den Fluß vitaler Energie vom Steißbein entlang der Wirbelsäule in den Kopf. Vergegenwärtige dir die Bambuspflanze, die sich im Wind nach jeder Seite biegt und doch nicht gebrochen werden kann. Meditiere über die Geschichte von dem chinesischen Maler, der von seinem Kaiser in den Bambuswald geschickt wurde, um den Bambus zu malen. Er kehrte nicht wieder zurück, und als ihn der Kaiser holen wollte, sagte er zu ihm: «Störe mich nicht. ich bin ein Bambus geworden.»

AUSFÜHRUNG: Stelle dich aufrecht hin und schwanke langsam nach hinten und zu den Seiten. Die Biegung nach hinten halte immer so lange, bis ein merkliches Zittern deinen Körper erfaßt.

BEACHTE: Die Füße stehen parallel und schulterbreit auseinander; die Handflächen weisen nach vorne. Die Kontraktionen mache bei der Ausatmung.

INTONATION: Silbe kring (Tonhöhe C)

RUHEPHASE: Stehe still und lasse die Energie strömen. Dauer: 9 Atemzüge.

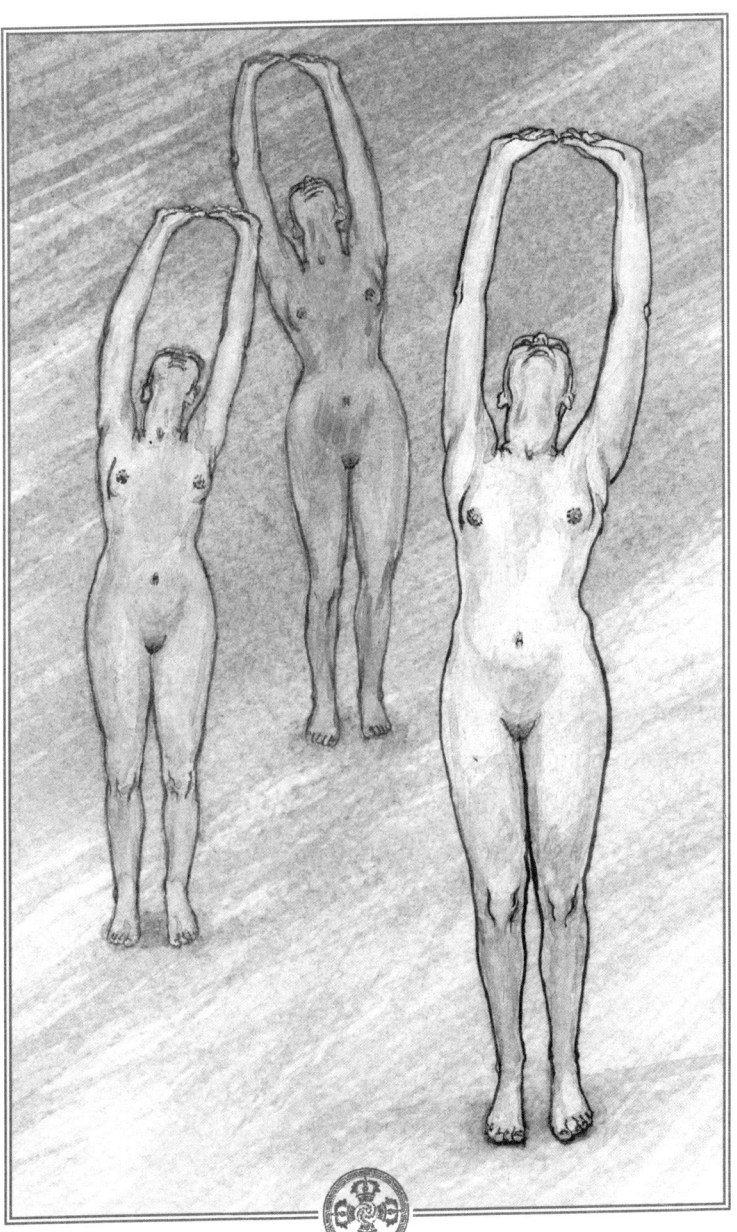

2. Der Elefant

Diese Stellung öffnet die Lumbalgrenze am Lendenwirbel und läßt die Energie verstärkt in den Kopf fließen. Sie symbolisiert, daß sich das Große zum Tiefen beugen muß. Meditiere über das Bild: Der Elefant rührt mit seinem Rüssel in der Schüssel der Erde die Ursuppe um, aus der sich das Leben bildet.

AUSFÜHRUNG: Beuge dich aus der Hüfte und mit durchgedrückten Knien zum Boden, bis du ihn mit den Handflächen erreichst. Laß den Oberkörper und Kopf locker hängen und bewege während der Übung das Becken etwas. Gegen Ende schließe die Hände hinter den Fersen.

BEACHTE: Halte die Knie gerade, Füße parallel und eng nebeneinander und das Becken nach oben gedrückt. Die Kontraktionen mache beim Ausatmen.

INTONATION: Silbe hum (Tonhöhe G)

RUHEPHASE: Stehe aufrecht und laß die Energie strömen. Dauer: 9 Atemzüge.

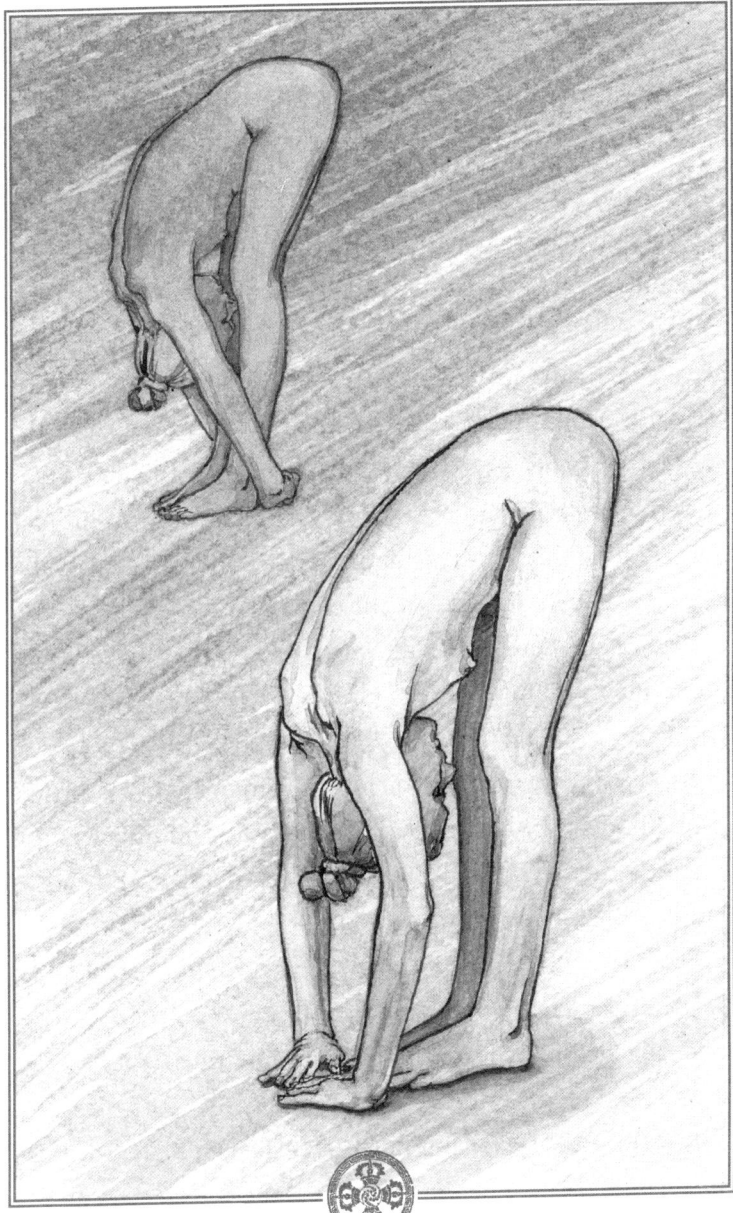

3. Die Gebärende

Diese Stellung öffnet deinen Beckenboden und befreit die darin schlummernde vitale Lebensenergie. Sie macht dein Becken und Hüftgelenk beweglich. Die Hocke symbolisiert das Entstehen des menschliche Leben, denn sie ist die gebräuchlichste Gebärstellung der Frauen. Es ist keine Lage des Ausgeliefertseins, sondern eine starke Stellung, in der die ganze Kraft des weiblichen Körpers das Kind herauspreßt. Im Chinesischen heißt sie auch «Die große Erde».

Meditiere über das Bild, wie das Leben durch den Körper hindurchtritt wie durch ein Tor. Du bist das Tor für das Leben. Nimm die Kraftverbindung der Füße zur Erde wahr. Sieh alles Leben als einen nicht endenden Strom durch deinen Schoß fließen. Halte ihn nicht auf, sondern fließe mit ihm, atme mit ihm.

AUSFÜHRUNG: Hocke dich zwischen deine Füße. Bringe deine Ellbogen zwischen die Knie, lege die Handflächen aneinander und drücke die Knie auf. Halte den Rücken gerade und den Blick nach vorne gerichtet.

BEACHTE: Die Füße parallel, die Fersen auf dem Boden. Das Kinn ist leicht angezogen, Rücken und Nacken sind gerade. Mache die Kontraktionen beim Einatmen

INTONATION: Silbe sam (Tonhöhe A)

RUHEPHASE: Sitze mit untergeschlagenen Beinen auf den Fersen und laß die Energie strömen. Dauer: 9 Atemzüge.

4. Der Pflug

Diese Stellung dehnt deine Rücken- und Halswirbelsäule. Die im Herzbereich gestaute Energie wird in den Hals und den Kopf gedrückt. Die Stellung symbolisiert das Ackergerät Pflug. Meditiere über das Bild eines Holzpflugs, der in der Erde steckt und die Furchen zieht. Ohne Beackern des Bodens gäbe es kein Kultivieren von Nahrungsmittelpflanzen, und der Mensch wäre noch immer ein unsteter Jäger und Sammler.

AUSFÜHRUNG: Lege dich auf den Rücken, die Arme seitlich am Körper. Ziehe das Kinn an die Brust und hebe die gestreckten Beine und bringe sie hinter dem Kopf mit den Zehenspitzen auf den Boden. Laß die Beine nur langsam auf den Boden herab. Entsteht dabei zuviel Druck in der Brust, hebe die Beine wieder etwas an und atme gleichmäßig, aber nicht sehr tief. Die Arme laß seitlich liegen.

BEACHTE: Wenn du Nackenwirbelprobleme hast, mache anfangs diese Übung nur kurz und setze die Füße auf einer Erhöhung ab. Für Schwangere nach dem 5. Monat ist die Übung nicht geeignet.

INTONATION: Silbe eim (Tonhöhe H)

RUHEPHASE: In der Rückenlage. Laß die Energie 9 Atemzüge lang strömen.

5. Der Kopfstand

Diese Stellung hilft dir, deine ganze Energie in den Kopf zu bringen und ihrer bewußt zu werden. Sie symbolisiert die Umkehrung. Der Kopfstand wird im Yoga als die Schlüsselstellung bezeichnet. Durch sie wird für eine Weile alles auf den Kopf gestellt und alles anders gesehen. Sie bringt die Kreisläufe von Blut, Säften und Energie in Bewegung. Meditiere über das Bild: Im Angesicht eines Wunders ist es das beste, sich für eine Weile auf den Kopf zu stellen.

AUSFÜHRUNG: Positioniere den Kopf zwischen den Unterarmen, die ein gleichseitiges Dreieck bilden. Die Auflagefläche des Kopfes ist der höchste Punkt am Scheitel. Richte dich zuerst mit angewinkelten Beinen halb auf und finde dort die Balance, bevor du die Beine ganz hochnimmst. Ein Spiegel ist hilfreich zur Kontrolle der senkrechten Haltung.

BEACHTE: Halte den Nacken gestreckt. Hast du Probleme mit den Nackenwirbeln, mache ersatzweise den Schulterstand (Kerze).

INTONATION: Silbe om (Tonhöhe E)

RUHEPHASE: Sitze mit untergeschlagenen Beinen auf den Fersen, beuge dich nach vorne und stütze den Kopf in die Hände, um die Wirbelsäule zu entlasten. Dauer: 9 Atemzüge.

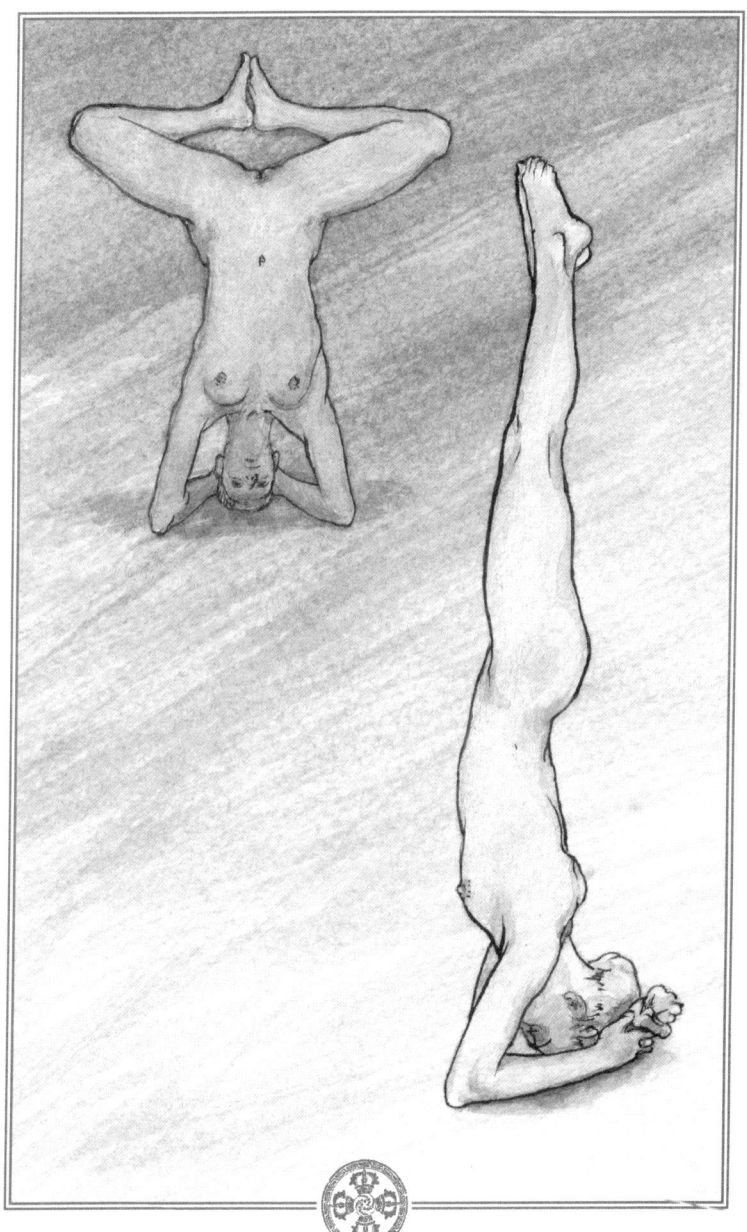

Einige Lebensdaten von Wilhelm Silbereisen

1859   Geburt

1874   Abschluß der Gesellenlehre als Graveur

1876   Übernahme der väterlichen Gravurfabrik

1878   Bau einer großen Fabrik in Pforzheim

1880   Freies Studium an der Akademie Wien

1880   Erste Skireise in die Dolomiten

1881   Londonreise, bei der eine Magenkrebserkrankung

       diagnostiziert wird

1882   Magentotalresektion durch englischen Arzt

1883   Erste Balkanreise mit Kuraufenthalt in Triest

1884   Zweite Balkanreise mit Brennereisenbahn und auf Fahrrädern

1885   Geburt der ersten Tochter

1885   Eröffnung des Skiclubs Pforzheim

1886   Kunstreise nach Venedig mit Ankäufen für das Badische

       Landesmuseum

1887   Versichert seine Arbeiter in einem Schweizer

       Rückversicherungsverein

1888   Tod der ersten Tochter

1888   Spiritistische Gesellschaft Todtnau

1889   Alpenreise; Gründung des Alpenvereins Schwarzwald e.V.

1889   Gründung des Freikörperkulturkreises Südbaden

1890   Eintritt in die Monteveritasbewegung; Kauf eines Grundstücks

       am Monte Veritas in Italien

1891	Gründung des Künstlervereins Pforzheim
1892	Stiftung des Max-Pechstein-Künstlerpreises
1893	Unterstützung der Waldorfschule R. Steiners
1894	Mitbegründung der Kunsthandwerksschule Pforzheim
1895	Versuchte Reise nach Tibet; Treffen mit Sven Hedin in Stockholm
1896	Gründung eines spirituellen Freundeskreises um Lyonel Feininger und Grodeck
1897	Beitritt zur Kommunistischen Partei
1898	Heilpraktische Studien zur Augendiagnostik
1899	Besuch der Heilbäder des Pfarrers Kneipp
1899	Geburt des ältesten Sohnes Erwin
1900	Eröffnung einer Heilpraxis; Mitbegründung des Heilpraktiker-verbands Baden
1901	Erwerb eines 10 ha großen Grundstücks in Würm; Bau einer eigenen Zufahrtsstraße für seinen Mercedes-Benz-Motoren-wagen
1901	Mitglied des Freud'schen Gesellschaftskreises
1902	Geburt der Tochter Helene
1904	Griechenlandreise mit dem Schiff von Triest nach Athen
1905	Teilnehmer an der Kunstausstellung in Rom
1906	Geburt der Tochter Lore, Andros Mutter
1907	Erste Begegnung mit Lotte
1909	Versuchte Indienreise endet in Ankara
1912	Bau der Schwarzwaldvilla Haus Lore in Würm
1913	Bau einer Bijouterie-Fabrik
1914	Reise nach Paris

1914   *Reise nach Tunis endet auf dem Mittelmeer bei Ausbruch des Ersten Weltkrieges*

1917   *Holt seinen Sohn Erwin aus Verdun*

1918   *Tod Erwins*

1918   *Austritt aus der Kirche und der Kommunistischen Partei*

1918   *Reise nach Kanada*

1919   *Eröffnung des Heilsanatoriums Schwarzwald in Würm*

1919   *Dritte Reise in den Balkan mit Lotte*

1925   *Entgeht knapp einem Anschlag während des Kapp-Putschs*

1928   *Italienreise*

1930   *Mitglied der SPD und Abgeordneter des Landtags*

1933   *Übernimmt zwei Kompagnons in die Firma; zieht sich in die Landvilla zurück*

1941   *Geburt des Enkels Andro*

1942   *Versteckt jüdische Geschäftsfreunde in seinem Sanatorium*

1945   *Gewaltsame Entmachtung des NSDAP-Bürgermeisters von Würm*

1946   *Nimmt die amerikanische Militärpolizei in seine Villa als HQ auf*

1947   *Praktiziert als Heilpraktiker in seinen Garten- und Gästehäuschen*

1950   *Wiedereröffnung der Heilpraxis durch Lotte, nachdem die Amerikaner das Haus verlassen haben*

1950   *Operation grauer Star*

1951   *Operation grüner Star*

1952   *Operation Prostata; beendet sein Leben freiwillig, nachdem er sich von der Familie und Lotte verabschiedet hat*

Glossar

AMRITA verjüngendes Getränk der Götter, das Gesundheit und Seligkeit verleiht

ASANA Yogastellung

BAGMATI Fluß durch Katmandu

BODNATHTEMPEL buddhistischer Sakralbau aus dem 5. Jahrh.

DURGA Schutzgöttin für weibliche Stärke und für das Frauenblut

HAGAR Sagengestalt der Tuaregs

KALI Göttin des Todes und der Verwandlung

KARMA die Gesamtheit der Taten, die das Schicksal und die zukünftigen Geburten eines Menschen bestimmen

KATMANDU Hauptstadt von Nepal, an der Kreuzung der beiden ältesten Handelsstraßen der Welt gelegen; Schmelztiegel verschiedener religiöser Strömungen

KHAJURAHO tantrischer Tempelbezirk aus dem 9. Jahrh. in Madhya Pradesh, Indien

KONARAK Tantratempel in Orissa

KUMARI Ein jungfräuliches Mädchen

LINGAM symbolische Darstellung des männlichen Penis; gilt als Symbol Shivas

MAHABALIPURAM Ort südl. von Madras in Tamil Nadu mit Shivatempel aus dem 7. Jahrh.

MAITHUNA Tantra der sexuellen Vereinigung

MANTRA mystisches Wort oder heilige Silbe

MESMERISMUS Lehre von der Heilkraft des
«animalischen Magnetismus»

PATAN heute Stadtteil Katmandus, früher selbständige
Königsstadt

SAHAJA tantrische Sekte Bengalens, die ihre Lehren in
Gesängen überliefert

SARASVATI Göttin der Sprache und der Gelehrsamkeit

SHAKTI die weibliche schöpferische Kraft

SHIVA einer der drei Hauptgötter des Hinduismus, der
Zerstörer; er verkörpert das dynamische männliche
Prinzip

SHIVAITEN Anhänger des sexuellen Shivakultes

SHIVALINGAM Fruchtbarkeits- und Vereinigungssymbol

SHIVAMATI Fluß durch Katmandu

SPIRITISMUS Lehre und Praxis der Geisterbeschwörung

SUTRA Vers oder Lehrspruch

TANTRIKA Praktizierende des Tantra

VISHNU einer der drei Hauptgötter im Hinduismus, der
Erhalter

YOGINI Praktizierende des Yoga

YONI symbolische Darstellung der weiblichen
Geschlechtsorgane

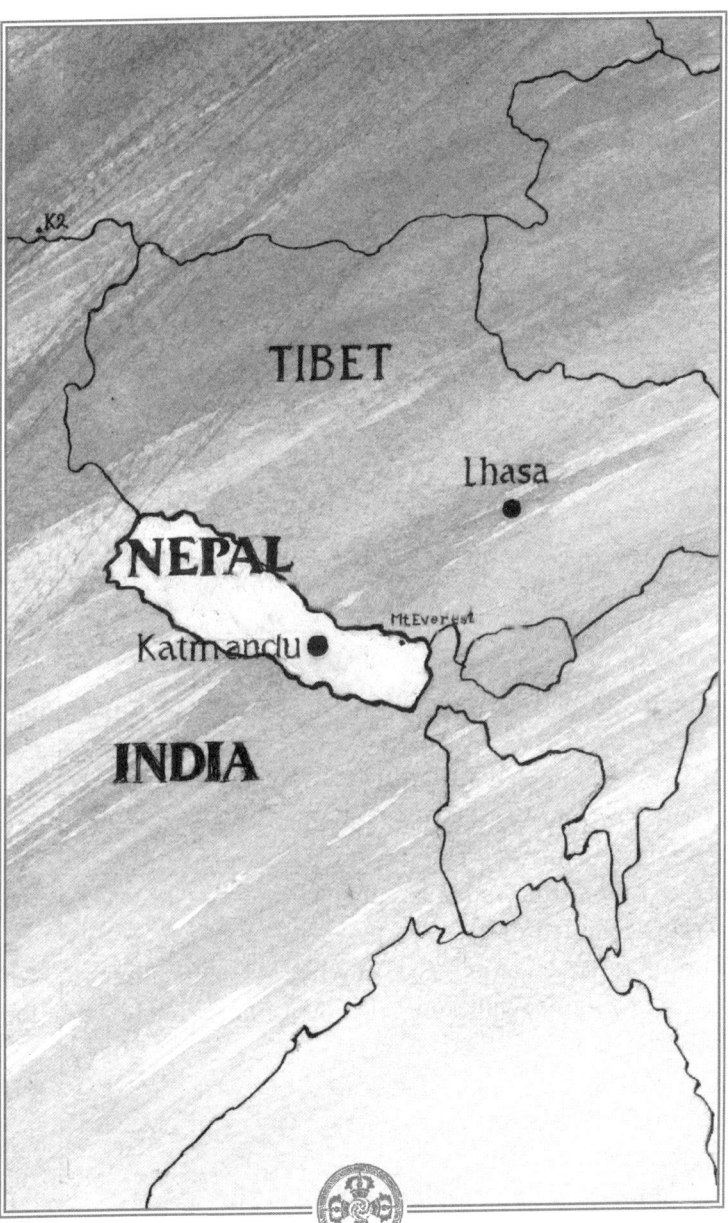

ANTINOUS

Antinous steht für das älteste und bekannteste private Therapiezentrum Berlins. Seine Stärke liegt in der Vielseitigkeit seines Angebots:

- Massage
- Rebirthing
- Hypnotherapie
- NLP
- Symboldeutungsarbeit
- Yoga
- Tantra
- Zen-Bogenschiessen
- Tai Chi
- Meditation

Alles in Einzel- und Gruppentherapie sowie als Ausbildung. Die Schule der Shivas und Shaktis sind seit 1980 fester Bestandteil unseres Programms.

Im Antinous-Verlag erscheinen Bücher, Cassetten sowie eine Vierteljahreszeitschrift.

Unser Center mit Sauna ist täglich von 9.00 Uhr bis oft nach Mitternacht geöffnet.

Komm vorbei zu einem Tee, zu einer Massage... oder laß Dir unser Programm schicken. Wir sind immer erreichbar, mitten in Berlin:

Berlin-Schöneberg
Mansteinstr. 14
Telefon: 0 30 / 2 16 31 29 oder 2 15 59 59
Fax: 2 16 66 54

Orgasmusschule

„Lust kommt von Lust", sagen die Autoren und zeigen gleichzeitig, wie wir gelernt haben, uns und unseren Partnern die Lust zu verweigern. Die Übungen der Orgasmusschule sind konfrontierend, denn sie gehen an die Wurzeln unserer Un-Lust, doch sie sind auch befreiend. Sie lehren uns, unserer Lust mit Humor und Gefühl Ausdruck zu verleihen. Und sie machen klar, daß Männer und Frauen auf ganz unterschiedlichen Wegen zu ihrer Lust kommen; erst dieses Wissen macht eine lustvolle Beziehung möglich.

PB., 208 SEITEN

DM/SFR 29,80/Ös 240,-

ISBN 3-929475-14-6

Tantra Yoga

Wir haben Lust an der Bewegung. Wir haben Lust am Atmen. Sie erzeugen Leben, Vitalität und Kreativität. Tantra-Yoga ist eine Schulung der Bewegung, der Atmung und der Körperwahrnehmung. Er schärft die Sinne und intensiviert und harmonisiert unsere Lebensenergie. Er setzt uns auch instand, unsere Sexualität mit mehr Energie und Lust zu leben. Andro zeigt auf zahlreichen Schwarzweiß- und Farbfotos die Übungen des Tantra-Yoga und erklärt ihre Wirkung. (Erscheint 10/96)

HARDCOVER, CA. 128 SEITEN

DM/SFR 34,80/ÖS 275,-

ISBN 3-929475-13-8

ANDRO

Yin-Yang-Massage

VIDEO

Die Yin-Yang-Massage isl eine Synthese aus traditionellen Massagetechniken verschiedener Kulturen und
moderner Körperarbeit. Sie ist ein lebendiger Prozeß
des Fließens. Andro gibt eine erste Einführung in diese von ihm entwickelte Massagetechnik und zeigt,
wie Disharmonien im Energiefluß eines Menschen
erkannt und behoben werden können.

CA. 60 MIN.

DM/SFR 59,95/ÖS 420,-

ISBN 3-929475-18-9

Bei Ihnen stimmt was nicht.

Sie trennen Ihren Müll ? **Gut.**
Sie achten auf gesunde
Ernährung ? **Fein.**
Sie lieben die Natur ?
Schön.

... aber Sie haben immer
noch ein gelbes
Branchenbuch.
Schlecht.

Ändern Sie das.

Das neue ALTERNATIVE BRANCHENBUCH ist auf über 500 Seiten kompetenter Leitfaden, Ratgeber und Nachschlagewerk zu allen umweltfreundlichen Produkten und Dienstleistungen. Gründlich recherchiert, überprüft, vollständig. Die praktische Gliederung erlaubt leichtes Finden der Hersteller und Händler. Ihre Entscheidung für ein bewußtes und gesundes Leben für DM 19,80. Im Buchhandel, Naturkostläden oder direkt bei uns.

Verlags- und Vertriebsgesellschaft
für umweltfreundliche Produkte mbH
Gotzingerstr. 48
81371 München

05 10/95

Tel.: 089/7466110   Fax: 089/7256246